LE CENTENAIRE

DE

NAPOLÉON Ier

NOTICE HISTORIQUE

Sur la Vie de l'Empereur

PAR UN AMI DE LA VÉRITÉ

PRIX : 50 CENTIMES

METZ

CHEZ TOUS LES LIBRAIRES

—

1869

PRÉFACE

Un siècle s'est écoulé depuis la naissance de Napoléon Ier. Il a rempli ce siècle de sa gloire et de son nom. Je voudrais, dans ce modeste essai, retracer quelques traits de cette grande image, que le souffle empoisonné de la calomnie posthume s'efforce en vain de ternir. Les courts récits que je présente sont empruntés aux documents originaux et aux sources les plus sûres : je ne prétends point ici au mérite de l'invention, je n'aspire qu'à la vérité. La vérité suffit à la mémoire de Napoléon. Nous manquons d'un bon précis de la vie de l'empereur, et ce précis, qui n'était guère possible jusqu'à ce jour, serait utile à l'éducation nationale. La correspondance de Napoléon Ier, dont la publication vient seulement d'être achevée, l'histoire de M. Thiers et bon nombre d'autres écrits, dont plusieurs sont récents, seraient les matériaux naturels de l'ouvrage que je réclame. Le présent opuscule dérive de cette pensée, mais ne la réalise que fort imparfaitement. Que n'ai-je le temps et les forces nécessaires pour procéder à une œuvre plus complète et plus durable !

Metz, 15 Août 1869.

LE CENTENAIRE

DE

NAPOLÉON IER

Quand Napoléon dut épouser la fille de l'empereur d'Autriche, les généalogistes allemands, fureteurs acharnés, se mirent à secouer tous les arbres généalogiques des familles princières d'Europe, pour en faire tomber un Bonaparte. A force de chercher, ils parvinrent à découvrir que les Bonaparte avaient jadis régné à Trévise, en Italie. L'empereur d'Autriche, plein de joie, s'empressa de faire part de cette découverte à son futur gendre : « Qu'importe, lui répondit Napoléon, je veux être le Rodolphe de Hapsbourg de ma famille » (1). « Ma noblesse date de Montenotte, » dit-il en une autre circonstance.

On raconte aussi qu'il faillit avoir un saint dans sa famille. Il ne s'agit pas, bien entendu, du ridicule cardinal Fesch, son oncle maternel, ni même du bon archidiacre Lucien, son grand-oncle (2), mais d'un certain Bonaventure Bonaparte, capucin de Bologne au XVIIe siècle, mort en odeur de sainteté. Napoléon, en 1800, peu après la bataille de Marengo, passant à San-Miniato, petite ville voisine de Florence, y reçut la visite d'un vieil abbé Grégoire Bonaparte, chanoine de San-Miniato, qui lui montra un mémoire fort en règle en faveur de ce capucin, béatifié depuis longtemps et qu'on n'avait pu faire canoniser à cause des frais énormes que cela eût nécessités. Le bon chanoine finit par prier Napoléon de demander au pape cette canonisation. Le jeune vainqueur de Marengo combla de faveurs son vieux parent : il ne fit rien toutefois pour le *bienheureux* père Bonaventure qui, disait-il, « avait sans doute des droits à la canonisation, mais qui pouvait à la rigueur s'en passer. »

(1) Ce Rodolphe de Hapsbourg était un simple gentilhomme alsacien de qui la famille impériale d'Autriche tire son origine.

(2) La mère de Letizia Ramolino (épouse de Charles Bonaparte, père de Napoléon) avait épousé en secondes noces M. Fesch, officier suisse. De ce mariage naquit l'abbé Fesch, depuis cardinal. — Lucien Bonaparte, archidiacre de la cathédrale d'Ajaccio en 1740, mort en 1791, était oncle du père de Napoléon.

Jamais l'Empereur ne perdit de vue ses humbles commencements et quoiqu'il n'en fît point parade (ce qui eût été une autre espèce de vanité), il aimait pourtant à se les rappeler. Il aima toujours aussi les compagnons de sa jeunesse et ne cessa de témoigner de l'affection à ses premiers maîtres. A son passage à Brienne, en 1805, alors qu'il allait se faire couronner roi d'Italie, il revit avec émotion l'ancien collége militaire où il avait été élevé, rechercha ses vieux professeurs et leur témoigna une reconnaissance que les maîtres ne rencontrent pas toujours chez leurs écoliers. L'un d'eux, l'abbé Dupuis, fut placé par lui au château de la Malmaison, comme bibliothécaire particulier et traité avec tous les égards imaginables. Il traita généreusement son ancien maître d'écriture, qui pourtant était loin d'avoir fait de lui un habile calligraphe. Il n'y eut pas jusqu'à une vieille fermière, connue sous le nom de mère *Marguerite*, qui ne ressentît, à cette occasion, les effets de sa bonté. Bien souvent, étant élève, il était allé, avec ses camarades, à la chaumière de cette bonne femme, faire des déjeûners de lait, d'œufs frais et de pain bis. Empereur, il alla la retrouver, déjeûna chez elle de la même façon et avec le même entrain qu'autrefois, et voulut lui assurer l'aisance de ses derniers jours. « Vous avez toujours été bon pour les pauvres gens » lui disait, en le remerciant avec effusion, l'heureuse mère Marguerite.

Nous sommes habitués à ne voir dans Napoléon que le génie foudroyant des batailles. Pourtant, il fut aussi bon et généreux qu'il était grand et terrible. Il pardonna toujours aux vaincus; dans toutes ses guerres, on ne cite pas de lui un trait de dureté. A l'égard de ses propres soldats, c'était un père. Aucun général, si ce n'est peut-être Turenne, ne s'occupa avec autant de sollicitude du bien-être des troupes. L'organisation des vivres, des fournitures de vêtements, des hôpitaux et ambulances pour les blessés, les soins les plus attentifs en tout genre étaient de sa part l'objet d'ordres multiples et prévoyants, dont sa correspondance de chaque jour, récemment publiée, nous donne des preuves éclatantes.

Aussi était-il l'idole du soldat. Dès qu'il paraissait, un frémissement d'enthousiasme courait dans les rangs; le cri de Vive l'Empereur partait de toutes les bouches. Au milieu de la mêlée et de la fusillade, les mourants se soulevaient encore pour l'acclamer; ils expiraient avec joie pour le grand homme qui personnifiait la gloire de la patrie. Est-ce Charlemagne ou César qui excitèrent jamais tant d'amour?

Quand il revint de l'île d'Elbe, rien ne put arrêter l'élan des Français vers leur ancien général. Un Anglais (cette nation n'est pas suspecte de partialité en sa faveur) raconte à ce sujet le trait suivant, que l'histoire a recueilli. « Le duc de Tarente (Macdonald) et Monsieur, comte d'Artois (depuis Charles X) s'étaient rendus à Lyon pour essayer d'arrêter la marche de *Buonaparte* de l'île d'Elbe à Paris.

Les troupes, rangées en bataille sur la grande place, furent passées en revue par Monsieur et par le duc de Tarente. *Chaque soldat avait reçu trois francs de gratification* et l'on espérait que les exhortations du maréchal ramèneraient les troupes à la cause royale. Son Altesse Royale et le duc parcoururent tous les rangs, et le maréchal, après des exhortations réitérées, dit à ses troupes de donner au prince une preuve de leur attachement en criant avec lui *Vive le Roi!* Quelques voix rompirent seules le silence. Le maréchal se retira au désespoir, et le comte d'Artois et lui quittèrent Lyon bientôt après. » Le même auteur raconte aussi, à ce propos, le trait suivant : « Un colonel de cavalerie à demi-solde demeurait près de Lyon avec sa jeune épouse, à laquelle il était fort attaché. A la nouvelle de l'approche de l'*usurpateur*, comme il laissait percer l'intention de le rejoindre, son épouse s'écria avec indignation: A ton âge, mon ami! Penses-y bien; si tu agis ainsi, tu ne me reverras de ta vie. — Le brave colonel, vaincu par les supplications de son épouse, partit en lui jurant de défendre la cause royale. Arrivé à Lyon, la vue de la cocarde tricolore et les cris de Vive l'Empereur triomphèrent de sa fermeté: il alla se ranger sous l'étendard de Bonaparte. » — De pareils traits, dit naïvement le narrateur anglais, démontrent la légèreté des Français. — Je souhaite à MM. les Anglais une pareille légèreté.

— Voici son portrait tel que le dépeint Constant (II, 52) et que l'a représenté Horace Vernet dans son tableau d'*une revue du premier consul sur la place du Carrousel*. Son front était très-élevé et découvert; il avait peu de cheveux, surtout sur les tempes, du reste très-fins et très-doux. Il les avait châtains, et les yeux d'un beau bleu, très-expressifs. Là bouche belle, les lèvres égales et un peu serrées, les dents très-blanches et très-bonnes, jamais il ne s'en est plaint. Le nez de forme grecque et irréprochable, l'odorat excessivement fin. Sa tête était très-forte, ayant 22 pouces (60 centim.) de circonférence, un peu aplatie sur les tempes; les oreilles petites, parfaitement bien faites et bien placées. Il avait le pied très-sensible, au point qu'il fallait faire rompre ses bottes et ses souliers par un garçon de garde-robe, qui avait exactement le pied semblable. Sa taille était de cinq pieds deux pouces trois lignes (1[m],685); il avait le cou un peu court, les épaules effacées, la poitrine large, très-peu velue, la cuisse et la jambe moulées; le pied petit, les doigts bien rangés et tout-à-fait exempts de cors ou durillons; les bras bien faits et bien attachés; la main admirable et les ongles toujours bien soignés. Plus tard il engraissa beaucoup, mais sans rien perdre de la beauté de ses formes; sa peau était devenue très-blanche et son teint animé. Il avait un tic nerveux, qu'il conserva toute sa vie et qui consistait à relever fréquemment et rapidement l'épaule droite.

SES HABITUDES. — Il mangeait très-vite : à peine s'il y employait douze minutes et cette mauvaise habitude lui occasionna parfois de violents maux d'estomac. Un jour que le prince Eugène se levait de table immédiatement après lui, il lui dit : « Mais tu n'as pas eu le temps » de dîner, Eugène ? — Pardonnez-moi, répondit le prince, j'avais » dîné d'avance. » Le plat qu'il préférait était cette espèce de fricassée de poulet à laquelle on donna le nom de *poulet à la Marengo*. Il aimait aussi l'épaule de mouton grillée. Il ne buvait que du Chambertin, et rarement pur. Il n'aimait pas le vin et s'y connaissait mal. Un jour, au camp de Boulogne, ayant invité Augereau à dîner, il lui demanda d'un air de satisfaction comment il trouvait son vin. Le maréchal, après l'avoir dégusté consciencieusement, répondit: *il y en a de meilleur*. A la guerre, il oubliait souvent de dîner et maintes fois ses serviteurs bravèrent le canon pour aller lui porter au milieu de la mêlée, sans qu'il le demandât, un petit croûton de pain avec un peu de vin.

L'Empereur avait une répugnance invincible pour tous les médicaments, et quand il en prenait, ce qui était fort rare, c'était de l'eau de poulet ou de chicorée, et du sel de tartre.

A son lever, il prenait habituellement une tasse de thé ou de feuilles d'oranger ; s'il prenait un bain, il y entrait immédiatement au sortir du lit, après quoi son valet de chambre lui brossait le buste avec une brosse de soie très-douce, puis le frictionnait d'eau de Cologne, dont il faisait une grande consommation. C'est en Orient qu'il avait pris cette habitude hygiénique, dont il se trouvait fort bien. Il portait un gilet de flanelle, un caleçon de toile fine ou de futaine et des bas de soie blancs, jamais d'autres. Toutes ses bottes étaient éperonnées de petits éperons en argent, qui n'avaient pas plus de six lignes (13 millim.) de longueur. Dans une poche de son gilet il y avait toujours une tabatière et une petite boîte en écaille remplie de réglisse anisée, coupée très-fin. Le plus souvent il était vêtu de l'habit de chasseur de la garde avec un pantalon de casimir blanc. Il fallait l'habiller de la tête aux pieds et il se laissait faire comme un enfant, s'occupant pendant ce temps-là de ses affaires.

Pour se déshabiller c'était tout le contraire. Aussitôt entré dans sa chambre, il jetait son chapeau par ci, sa montre à la volée par là, son habit par terre, son grand cordon sur un tapis et ainsi de tout le reste à tort et à travers. En toute saison il fallait lui bassiner son lit, lui allumer une veilleuse voilée et brûler, dans de petites cassolettes, soit du bois d'aloës, soit du sucre ou du vinaigre. Un de ses secrétaires venait alors lui faire la lecture, ou bien c'était l'impératrice Joséphine qui s'acquittait de ce soin avec le charme particulier qui se mêlait à toutes ses actions. Jour et nuit, on tenait de l'eau chaude pour son bain ; car souvent, à toute heure de la nuit comme de la journée, il lui prenait fantaisie de s'y mettre. Quelquefois, quand son travail se prolongeait très-tard, il se faisait servir soit du punch doux et léger, comme de la limonade, soit une infusion de fleurs d'oranger ou de thé. En campagne il couchait sur un petit lit de fer et se réveillait vingt fois pour donner des ordres ou recevoir des courriers. Ce qu'il y a de singulier c'est qu'il se rendormait ou se réveillait pour ainsi dire à volonté et que toujours son esprit était dispos.

Il était très-économe dans son intérieur et se récriait toujours sur la dépense, ne cessant de répéter : « Je me contentais à moins, *quand j'avais l'honneur d'être sous-lieutenant.* »

Il en était de ses chevaux comme de ses bottes : il fallait les briser avant qu'il s'en servît. On les accoutumait à souffrir, sans faire le moindre mouvement, des contrariétés de toute espèce, des coups de cravache sur la tête et les oreilles ; on battait le tambour, on leur tirait aux oreilles des coups de pistolet et des boîtes d'artifice ; on agitait des drapeaux devant leurs yeux ; on leur jetait dans les jambes de lourds paquets, quelquefois même des moutons et des cochons. Il fallait qu'au milieu du galop le plus rapide (l'Empereur n'aimait que cette allure), il pût arrêter son cheval tout court. Il tenait d'ailleurs à ce que ses chevaux fussent très-beaux, et dans les dernières années il ne montait que des chevaux arabes.

Il respirait l'odeur du tabac, plutôt qu'il ne prisait. Quant à la pipe, il essaya une fois d'une belle pipe orientale qui lui avait été offerte par l'ambassadeur persan, mais cet essai ne le porta pas à recommencer.

Il tenait singulièrement, dans la manière de se vêtir, à ses vieilles habitudes et aux vieilles modes. Aussi Murat, l'homme de France le plus recherché dans sa toilette, lui disait-il quelquefois : Sire, Votre Majesté s'habille trop *à la papa.* Il avait conservé son cordonnier de l'école militaire, aussi était-il toujours chaussé sans grâce. Il avait essayé de se passer de bretelles, mais il y revint et le trouvait bien plus commode.

Il ne portait à ses habits qu'un crachat et deux croix, celle de la Légion-d'Honneur et celle de la Couronne de Fer. Sous son uniforme et sur sa veste il avait un cordon rouge dont les deux bouts se voyaient à peine. Quand il y avait cercle au château ou qu'il passait une revue, il mettait ce grand cordon sur son habit.

Comme personne ne connut jamais mieux que lui le prix du temps, il aimait à voyager très-vite, se plaignant toujours que l'on ne marchait pas, quoique l'on épuisât chevaux et courriers. Au retour de Tilsitt, il voulut aller visiter le beau royaume d'Italie. Il partit de Paris le 16 novembre au matin et, malgré un retard éprouvé dans la traversée du mont Cenis où des pluies continuelles avaient défoncé la route, il arriva à Milan le 22 à midi.

On sait que l'Empereur avait l'habitude de marcher les mains derrière le dos. Un soir, ayant consenti à se rendre à un bal masqué chez l'ambassadeur d'Italie, il se laissa habiller en domino, comptant bien sur ce déguisement pour aller lutiner quelques personnes de la cour, ce qu'il aimait assez. Il va droit à un masque, les mains derrière le dos et veut l'intriguer. Aussitôt on lui répond en l'appelant *Sire*. Désappointé, il va changer de costume, revient, mais toujours les mains derrière le dos et se voit encore reconnu. Il finit par abandonner la partie et quitta le bal.

Napoléon aimait la musique avec passion, surtout l'italienne, et lui-même aurait voulu chanter, mais il avait la voix la plus fausse qui se puisse imaginer. Cela ne l'empêchait pas de fredonner souvent quelque air national, notamment la *Marseillaise*, qu'il écorchait à plaisir. L'air de *Malbrough* était chez lui l'annonce certaine d'un prochain départ pour l'armée.

Etant jeune, il avait essayé d'apprendre à valser, sans jamais y réussir. « Quand j'étais à l'Ecole militaire, dit-il un jour, j'ai tâché, je ne sais combien de fois, de surmonter les étourdissements que la valse me causait. Notre maître de danse nous avait conseillé de prendre, pour valser, une chaise entre nos bras, en guise de dame. Je ne manquais jamais de tomber avec la chaise que je serrais amoureusement, et de la briser. Les chaises de ma chambre et celles de deux ou trois de mes camarades y passèrent tour à tour. Finalement je dus renoncer à être jamais toupie. »

Enfance et Jeunesse de Napoléon. — Napoléon enfant était frêle et maladif, portant sur un corps chétif une tête démesurément grosse qu'il soutenait avec peine, difficile d'humeur, obstiné, et d'une extrême irritabilité nerveuse. Sa première éducation fut faite par son grand'oncle, l'archidiacre Lucien Bonaparte, bon vieillard de 70 ans, qui lui apprit un peu de français, de latin et beaucoup de prières. Napoléon n'oublia jamais les soins de cet excellent vieillard, qui avait pressenti son avenir et qui, sur son lit de mort, en 1791, invita ses neveux à rester bien unis, puis s'adressant à Joseph, frère aîné de Napoléon : « Tu es l'aîné de la famille, dit-il, mais Napoléon en est le chef ; ne l'oublie jamais. »

En 1779, Charles Bonaparte, envoyé à Versailles comme député de la noblesse de Corse, emmena avec lui son jeune fils Napoléon, que M. de Marbeuf fit admettre avec une bourse entière à l'école militaire de Brienne, dirigée alors par des religieux. L'enfant eut fort à souffrir d'abord dans cette école, où son caractère irritable, sa pauvreté et la difficulté qu'il éprouvait encore à parler français lui attirèrent les taquineries des jeunes nobles, riches et impertinents, qui étaient ses condisciples. Mais ses maîtres l'estimaient, et ses camarades finirent eux-mêmes par le respecter. Il ne jouait guère d'ailleurs, lisait beaucoup (surtout l'Arioste et le Tasse), s'appliquait peu à la connaissance des langues anciennes, mais se distinguait en mathématiques et se plaisait à l'étude de la géographie. C'est à l'école de Brienne qu'il fit sa première communion, et sa ferveur était telle qu'il ne parlait de rien moins que d'aller, avec quelque missionnaire, civiliser les sauvages. Plus tard, quand il fut Premier Consul, il envoya au religieux qui l'avait préparé à la première communion le brevet d'une pension de mille francs. Nous avons dit qu'il était demeuré fort irritable ; à cette occasion, M. de Marbeuf, son protecteur, lui dit un jour ces sages paroles : « Soyez désormais moins facile à vous irriter, car celui qui » se met en colère pour de bons motifs, finit par s'emporter pour des » riens. »

En 1783, alors âgé de 14 ans, il passa à l'Ecole militaire de Paris, où un de ses professeurs lui donna cette note : *Bonaparte, Corse de nation et de caractère, ira loin si les circonstances le favorisent.* Un autre de ses professeurs, Domairon, appelait ses amplifications *du granit chauffé au volcan.* Seul, son maître d'allemand était mécontent de lui, parce qu'il ne voulait faire aucun progrès dans cette langue. Son caractère, du reste, tendait de plus en plus à en faire comme un être à part au milieu de ses camarades. L'un de ceux-ci l'ayant un jour appelé *l'ours corse,* il répliqua aussitôt : c'est bon, nous verrons, je te forcerai bien plus tard, je l'espère, à m'appeler *l'aigle corse.*

A 16 ans, en 1785, il perdit son père, qui mourut à 45 ans, d'un squirre à l'estomac, et la même année il sortit de l'Ecole militaire avec le brevet de lieutenant d'artillerie. La révolution vint et le trouva patriote zélé. En 1792, il fut nommé capitaine d'artillerie, et bientôt fut envoyé au siége de Toulon, où commence sa fortune.

Sa mère n'est morte qu'en 1830, à l'âge de 83 ans. Pendant le règne de son fils, elle n'usa de la grandeur que pour multiplier ses bienfaits. A la chute de l'Empereur, elle demanda de le suivre à Sainte-Hélène, mais cette grâce lui fut refusée. Madame Bonaparte avait eu treize enfants, dont Napoléon était le second.

Toulon (1793). — Au milieu des troubles dont la France était agitée, Toulon, notre principal port militaire sur la Méditerranée s'était livré à l'ennemi. Une garnison composée d'Espagnols, d'Anglais et de Napolitains s'y était établie, et notre territoire, violé par la présence de l'étranger, se trouvait en péril.

Il était urgent d'enlever aux ennemis ce dangereux pied-à-terre, et une armée de 30,000 hommes, commandée par le général Carteaux, fut dirigée sur Toulon pour en faire le siége. Au bout de quelques mois, comme le siége tirait en longueur, on sentit le besoin d'y envoyer un officier d'artillerie habile, et le choix tomba sur Napoléon Bonaparte, alors jeune officier de 24 ans, que ses notes désignèrent au ministre comme capable de remplir cet emploi.

Bonaparte (1) s'empresse de partir; arrivé au quartier général, il aborde le général Carteaux, homme superbe, doré depuis les pieds jusqu'à la tête, qui lui demande ce qu'il y a pour son service. Le jeune officier présente modestement sa lettre, qui le chargeait de venir, sous ses ordres, diriger les opérations de l'artillerie. — « C'était bien inutile, dit le bel homme, en caressant sa moustache; nous n'avons plus besoin de rien pour reprendre Toulon. Cependant soyez le bien-venu : vous partagerez la gloire de le brûler demain, sans en avoir eu la fatigue. » Et il le fit rester à souper.

Le lendemain, le nouveau commandant d'artillerie visite les pièces et cherche à se rendre compte de la position des batteries. Il n'y comprend rien, et Carteaux, qui veut lui faire admirer ses dispositions, y comprend moins encore. Bonaparte s'efforce avec tous les ménagements possibles, de lui faire entendre que des pièces, postées à une lieue et demie du point à attaquer, ne sauraient avoir d'effet. On essaye, et les coups ne vont pas à un tiers de la distance; mais Carteaux n'est pas convaincu, et s'en prend aux aristocrates qui auront, dit-il, malicieusement gâté les poudres.

Le jour suivant, le général mande, dès le matin, le commandant d'artillerie pour lui annoncer qu'il vient de découvrir une position, admirable, disait-il, d'où une batterie de six ou douze pièces devait infailliblement amener la prise de Toulon sous peu de jours : c'était un petit tertre d'où l'on pouvait battre à la fois trois ou quatre forts et plusieurs points de la ville. Le jeune commandant lui fait observer que si la batterie battait tous ces points, elle en était battue aussi; que les douze pièces auraient affaire à cent cinquante; qu'une simple sous-traction démontrait que c'était là une position désavantageuse. Carteaux se fâcha, et resta persuadé que le commandant Bonaparte manquait de coup d'œil stratégique.

Enfin, pour prévenir ces difficultés sans cesse renaissantes, le représentant du peuple, Gasparin (2), dont le pouvoir dominait celui

(1) C'est lui-même qui a raconté ces détails dans le *Mémorial de Ste-Hélène*.

(2) Le représentant Gasparin mourut bientôt des fatigues du siége, et ne put voir la prise de la ville. Il avait 43 ans Son fils a été préfet de la Loire, de l'Isère, du Rhône, puis pair de France et ministre en 1836; il fut élu membre de l'Institut en 1840, et se distingua par ses connaissances en agriculture.

du général en chef, décida que Carteaux ferait connaître en grand son plan d'attaque au commandant d'artillerie, qui serait chargé d'exécuter ce plan suivant les règles de son art. Voici quel fut le plan mémorable de Carteaux : « Le commandant de l'artillerie foudroiera Toulon » pendant trois jours, après quoi je l'attaquerai sur trois colonnes et » je l'enlèverai. »

Ce plan ridicule fit rappeler Carteaux, que l'on remplaça par Dugommier, qui était beaucoup plus expérimenté et fort brave (1). Une fois maître de diriger les opérations à son gré, Bonaparte ne tarda pas à faire prendre au siége une tournure plus décisive. Il sut discerner que le fort l'Éguillette, que l'on avait surnommé le Petit-Gibraltar à cause de ses formidables défenses, était la clef de la place et concentra sur ce point tous ses efforts. Comme l'ennemi, qui de son côté voulait défendre ce poste à outrance, faisait pleuvoir sur ses soldats une grêle de boulets, Bonaparte, voyant que l'hésitation commençait à s'emparer de ses canonniers, fit mettre sur un poteau cette inscription : *Batterie des hommes sans peur*, et tous les artilleurs de l'armée voulurent y servir.

Le jeune commandant ne s'épargnait pas lui-même ; il était partout et communiquait à tous son mépris du danger. Un jour que dans la tranchée le sergent Junot écrivait sous sa dictée, un boulet survint qui couvrit de terre le papier : « Bon, dit le sergent, nous n'aurons pas besoin de sable. » Le Petit-Gibraltar finit par céder à l'héroïsme de nos troupes, et Toulon fut repris.

ÉGYPTE (1798). — En partant de France pour l'Égypte, Napoléon, dans une proclamation, annonçait à ses soldats qu'il les menait dans un pays où il les enrichirait tous et les rendrait possesseurs chacun de sept arpents. Quand ils se trouvèrent dans le désert, les soldats ne

(1) Carteaux, du reste, était bonhomme, et sa femme le grondait toujours quand il avait des différends avec le commandant Bonaparte : « Mais laisse donc faire ce » jeune homme, lui disait-elle ; il en sait plus que toi ; il ne te demande rien ; » n'es-tu pas général en chef? la gloire sera pour toi. » — Un jour, dans une réunion où elle se trouvait avec son mari, on vint à parler du jeune Bonaparte, et on se plaisait à voir en lui un des futurs soutiens de la république : « Ne vous y » fiez pas, dit-elle, ce jeune homme a trop d'esprit pour être longtemps un sans- » culotte. » Sur quoi le général de s'écrier gravement et d'une voix de stentor : « Femme Carteaux, nous sommes donc des bêtes, nous? — Non, mon ami, je » ne dis pas cela ; mais... tiens, veux-tu que je te le dise, il n'est pas de ton » espèce? » Napoléon, d'ailleurs, n'en voulut pas à Carteaux, qu'il nomma plus tard administrateur de la loterie, et ensuite (en 1804), gouverneur de la principauté de Piombino.

manquèrent pas de mettre en question la générosité de leur général;
ils le trouvaient bien retenu de n'avoir promis que sept arpents : « Le
» gaillard, disaient-ils, peut bien assurément en donner à discrétion ;
» nous n'en abuserons pas. »

Leur gaîté avait quelquefois peine à se soutenir à travers les épreuves
d'une guerre meurtrière et d'un climat brûlant. Le général Caffarelli,
qui avait une jambe de bois, les exhortant un jour à la patience, l'un
d'eux lui répondit : « Pardi ! cela vous est bien égal à vous qui avez
» toujours un pied en France. » Toute l'armée en rit, et la bonne
humeur revint.

Bourrienne raconte que, à la suite du siége de St-Jean-d'Acre, à
Tentoura, le 20 mai 1799, Bonaparte avait donné ordre de mettre
tous les chevaux, mulets, chameaux, au service des blessés et des
malades. L'écuyer Vigogne vint dans sa tente et lui dit : Général, quel
cheval vous réservez-vous? Bonaparte irrité le renvoya d'un coup de
cravache, en ajoutant avec un ton terrible : « Que tout le monde aille
à pied, f...! et moi le premier. Ne connaissez-vous pas l'ordre?
Sortez. »

Puisque j'ai mentionné le siége de St-Jean-d'Acre, je ne puis m'empêcher de citer ici un trait qui, sans être personnel à Bonaparte,
montre quelle ardeur il savait répandre dans l'âme du soldat. A ce
siége, on était à court de munitions pour l'artillerie. Cela donna lieu à
une industrie. Les soldats qui n'étaient pas de tranchée utilisaient
leurs loisirs en allant se mettre en ligne sur le bord de la mer. Là ils
étaient aperçus par les bâtiments anglais, qui les canonnaient tout
aussitôt avec ardeur. Cette canonnade faisait bien quelque dégât; mais
quand elle avait suffisamment duré, les soldats qui restaient allaient à
la cueillette des boulets, qu'ils rapportaient au commandant de l'artillerie, moyennant finance. Il y en eut qui firent des affaires.

Le 18 Brumaire. — Je ne prends point parti pour le 18 brumaire.
Je crois juste toutefois de rappeler que les grands changements politiques ne s'opèrent guère sans violence. Le régime supprimé par
Bonaparte avait lui-même supprimé violemment Louis XVI, et les
Bourbons à leur tour rentrèrent, comme on l'a dit, dans les fourgons
des Cosaques. La violence fit ensuite le changement de 1830, comme
elle a fait, depuis, le changement de 1848. Il est très-fâcheux que les
choses se passent ainsi, mais cela est. En général même, l'origine des
anciennes dynasties ne se perd pas tellement dans la nuit des temps,
que l'on n'y découvre les traces de la violence qui a présidé à leurs
commencements. La trahison et l'empoisonnement firent arriver
Hugues Capet au trône. Les Carlovingiens, qu'il déposséda, avaient

eux-mêmes trahi à outrance les descendants de Clovis ; et quant à ce dernier, qui fut le premier fondateur de la race royale en France, personne n'ignore avec quelle cruauté il fit massacrer ou massacra de sa propre main les princes de sa famille qui pouvaient gêner ses desseins ambitieux. Ainsi, laissons là les récriminations. Car qui peut dire dans tout cela où est l'autorité *légitime?* Assurément, s'il y en a une, c'est celle qui se justifie par les services rendus à la nation et par l'assentiment populaire.

Ces titres furent ceux du général Bonaparte. Laissons parler à ce sujet le général Moreau, ce grand citoyen, ce vrai patriote, que les adversaires de Napoléon se plurent souvent à lui opposer. Voici les propres paroles prononcées par Moreau : « Le 18 brumaire arriva, et » j'étais à Paris. Cette révolution, provoquée par d'autres que par » moi, ne pouvait alarmer ma conscience. Dirigée par un homme » environné d'une grande gloire, elle pouvait me faire espérer d'heu- » reux résultats. J'y entrai pour la seconder, tandis que d'autres partis » me pressaient de me mettre à leur tête pour la combattre. Je reçus » dans Paris les ordres du général Bonaparte. En les faisant exécuter, » je concourus à l'élever à ce haut degré de puissance, que les cir- » constances rendaient nécessaire. » (Discours de Moreau devant ses juges.)

Lorsqu'on inaugura la statue de marbre blanc décernée à l'Empereur en mémoire de l'achèvement du Code civil, M. de Vaublanc, le même qui fut ministre de l'intérieur sous Louis XVIII, dit, dans sa harangue : « Avant le 18 brumaire, quand des lois funestes étaient promulguées, quand les principes destructeurs, proclamés de nouveau, entraînaient déjà les choses et les hommes avec une rapidité que bientôt rien ne pourrait arrêter, quel fut celui qui parut tout-à-coup comme un astre bienfaisant, qui vint abroger ces lois, qui combla l'abîme entr'ouvert? Vous répondez tous avec moi : c'est au grand homme dont vous voyez l'image. »

Au Hâvre, où le premier consul se rendit peu après l'événement, toutes les rues étaient illuminées et le plus grand nombre des transparents portaient pour inscription ces mots: 18 brumaire, an VIII. A Fécamp, au moment où il y arriva, tous les habitants de la ville et des environs suivaient le clergé en chantant un *Te Deum* pour l'anniversaire du 18 brumaire.

Tout le monde était las de l'anarchie. Le général Bonaparte fut regardé comme le sauveur de la France.

Je suis de ceux qui pensent que l'on a fort exagéré les fautes du Directoire et fort méconnu ses réels services. Cependant il est certain que le désordre était grand ; car les directeurs, malgré leur bonne volonté, n'avaient pu venir à bout de tout. Lorsque le Premier Consul, devenu maître des affaires, voulut tout d'abord se rendre compte de la

situation des armées, les employés du ministère de la guerre ne purent
lui présenter l'état des troupes. « Mais du moins, leur dit-il, vous avez
» l'état de la solde, et avec cela on peut arriver à ce que je cherche. »
— « Nous ne payons pas, lui fut-il répondu. »

———

PASSAGE DES ALPES (1800). — Cent quarante mille Autrichiens,
sous les ordres du général Mélas, occupaient l'Italie supérieure.
L'armée avec laquelle le premier consul entreprenait de les attaquer et
de les chasser d'Italie n'était que de 60,000 hommes ; toutefois elle
était de force suffisante si on parvenait à descendre assez promptement
en Lombardie pour surprendre les corps dispersés du général Mélas.
Mais pour cela il fallait franchir les Alpes. Le passage du mont Cenis
était moins difficile que celui du Saint-Bernard ; Bonaparte préféra
cependant ce dernier : c'était celui par lequel on ne devait pas l'attendre.
Le général du génie, Marescot, qui avait été chargé de reconnaître les
débouchés des montagnes, ne dissimula pas les énormes difficultés de
l'entreprise. « Difficile, soit, répondit le premier consul ; mais est-
elle possible ? — Je le crois, à condition d'efforts extraordinaires. —
Alors, partons. »

L'armée se mit aussitôt en mouvement ; 36,000 hommes devaient
franchir les Alpes sur ce point. Le 13 mai, l'avant-garde, composée de
six vieux régiments d'élite, commandés par Lannes, partit à minuit.
Les autres divisions suivaient. Cette armée traînait avec elle quarante
bouches à feu. Cet immense convoi arriva, le 17 mai, au pied du
Grand-Saint-Bernard.

Plus chargés qu'ils ne l'eussent été en plaine, puisque indépendam-
ment du poids de leurs armes, ils portaient pour cinq jours de vivres,
bravant la fatigne et le froid, nos soldats gravissaient en chantant le
sentier qui les conduisait au sommet du Saint-Bernard, entre des pré-
cipices prêts à les engloutir et des avalanches prêtes à les écraser.

Ce qu'il y eut de plus difficile, ce fut de monter l'artillerie. Chaque
pièce, enchâssée, par les soins du général Marmont, dans l'intérieur
d'un tronc d'arbre, était traînée par 80 hommes, tandis qu'on trans-
portait à dos de mulet les affûts et les munitions. Cette manœuvre
s'exécutait au bruit de la musique militaire, dont les fanfares s'accé-
léraient dans les passages difficiles.

Bonaparte, à pied au milieu des troupes, allégeait la fatigue du
soldat en la partageant. Ce n'est que dans les plus mauvais pas qu'il
montait sur un mulet conduit par un bon montagnard, qui l'entretenait
naïvement de ses projets d'établissement et de ce qu'il lui fallait encore
pour les réaliser. Un arpent de terre et une chaumière, c'est à quoi
se bornaient ses vœux. Arrivé au sommet du mont, Bonaparte, qui

avait paru écouter son guide avec assez d'indifférence, lui remit un billet pour un des administrateurs de l'armée : c'était un ordre en vertu duquel les vœux du montagnard se trouvaient accomplis.

A mesure qu'ils s'avançaient sur le plateau où est assis le couvent du Saint-Bernard, les soldats trouvaient des tables chargées de vivres que le Premier Consul y avait fait porter. Ces vivres leur étaient distribués, ainsi que le vin, par les cénobites qui desservaient cet hospice fondé, il y a huit siècles, par Bernard de Menthon.

Les périls et les fatigues de la descente ne furent pas moindres que ceux de la montée. Plus heureux et plus habile probablement qu'Annibal, qui perdit sur les Alpes ses bagages et la moitié de son armée, Bonaparte n'y laissa qu'une pièce de huit et trois canonniers, qui furent emportés par une avalanche.

Le 21 mai, l'armée était transportée au delà des Alpes et, quelques jours après, Mélas et ses Autrichiens, refoulés de toutes parts, capitulaient à Marengo.

L'ANNIVERSAIRE DU 15 AOUT. — C'est en 1802, peu après l'institution du Consulat et de la Légion-d'Honneur que l'on solennisa pour la première fois la fête anniversaire de Napoléon, le 15 Août. Je ne sais pourquoi, dans ces derniers temps, on a essayé de jeter des doutes sur la date de la naissance de l'Empereur. On a voulu insinuer que, étant né en 1768, un peu avant la réunion de la Corse à la France, il n'était pas français. Que gagnerait-on à cela ? Ceux qui avancent de pareilles choses se sentent-ils eux-mêmes bien français ? Napoléon, selon leur dire, serait un Génois, et ce serait aux Génois à revendiquer sa gloire. En vérité, cette tentative est bizarre. Au reste, les prôneurs d'une si belle découverte sont forcés d'avouer qu'il y a autant de raisons pour adopter le 15 août 1769 que le 7 janvier 1768. A quoi bon alors soulever cette puérile contestation ? N'y a-t-il pas, en faveur de la date consacrée, une tradition ininterrompue, fortifiée par une sentence du pape qui fixa au 15 août la Saint-Napoléon ? Et qu'importerait d'ailleurs que l'Empereur fût né quelques mois avant la réunion de la Corse ? en serait-il moins français ?

On a oublié, ce me semble, de rappeler à ce propos une circonstance, bien connue pourtant, qui milite en faveur du 15 août. Madame Letizia, très-avancée dans sa grossesse, avait voulu néanmoins se rendre à l'église, parce que c'était un jour de grande fête, et ce fut là qu'elle sentit les premières douleurs. Elle eut à peine le temps de revenir à son logis et ne put même arriver jusqu'à sa chambre à coucher. Ce fut au salon, sur un tapis qui représentait les héros d'Homère, qu'elle accoucha de Napoléon. Or nous voyons bien qu'il

y a une solennité religieuse au 15 août ; nous n'en trouvons pas à
l'autre date.

Mais c'est ici encore qu'éclate l'esprit quinteux de nos contestants.
Ils ne veulent plus que nous disions Napoléon, ils ont découvert dans
un certain registre que l'Empereur s'appelait peut-être *Nabulion!*

Laissons-les donc avec leurs belles découvertes et croyons ce qui a
toujours été cru et admis : c'est le plus sûr.

Ce qu'il y a de curieux, c'est que les mêmes personnes qui
semblent se scandaliser de ce que l'on songe à célébrer le centenaire
de Napoléon, attendu l'incertitude qui, selon eux, règne sur la date
de sa naissance, sont précisément celles qui embouchent la trompette
la plus retentissante pour la célébration du centenaire de saint Pierre !
Sans doute ces savants controversistes savent à quel date saint Pierre
est né : je les en félicite.

AFFAIRE DU DUC D'ENGHIEN. — Les royalistes ne cessaient d'ourdir
l'assassinat du Premier Consul : la machine infernale de la rue Saint-
Nicaise, le complot du chouan George Cadoudal avaient prouvé ce
dont ce parti était capable. L'Angleterre était l'officine d'où sor-
taient tous ces complots, et c'était elle qui soudoyait les conjurés.
Bonaparte fit saisir à la frontière le duc d'Enghien, pensionné des
Anglais, et l'exécution militaire dont ce malheureux jeune homme fut
la victime terrifia les royalistes, qui dès lors n'osèrent plus conspirer
contre la vie du Premier Consul. Bientôt même on les vit se presser
dans les antichambres de Bonaparte. Mesdames de Rémusat, de
Talhouet, de Lauriston, de La Rochefoucauld, de Colbert, de Turenne,
de Ségur, de Montalivet, de Marescot, de Bouillé, de Chevreuse, de
Mortemart, de Montmorency devinrent dames d'honneur de Madame
Bonaparte, qui plus tard, étant impératrice, compta parmi ses cham-
bellans Hector d'Aubusson de la Feuillade et eut pour aumônier
Ferdinand de Rohan, pendant que le pape lui-même venait à Paris
sacrer Napoléon.

L'EMPIRE. — Je jette toujours les yeux avec complaisance sur cette
belle époque du Consulat, où Napoléon, jeune, glorieux, restaurateur
de l'ordre et de la prospérité publique, n'était encore que le général
Bonaparte, le citoyen Premier Consul. Sa jolie habitation de la Malmaison, embellie par les grâces de Joséphine et de sa fille Hortense,
centre d'une petite cour toute militaire et animée de l'heureux entrain
de la jeunesse, me séduit plus que la pompe impériale des Tuileries.

Pourquoi se faire empereur? A quoi bon? Je me rappelle, à ce sujet, un piquant récit du malicieux Paul-Louis Courier. Il était en garnison à Plaisance, en Italie. Le colonel vient trouver les officiers, au moment où ils allaient faire une partie de billard. — Voulez-vous, leur dit-il, que le Premier Consul soit Empereur? — Personne ne répond. A la fin, un lieutenant dit: s'il veut être empereur, qu'il le soit; mais pour moi je ne le trouve pas bon. Expliquez-vous, dit le colonel; voulez-vous, ne voulez-vous pas? Je ne le veux pas, répond le lieutenant. — Nouveau silence, embarras général. Alors je me lève, ajoute le narrateur, et je fais observer que cela ne nous regarde pas. La nation veut un empereur; eh bien, est-ce à nous de mettre la chose en délibération? Ce raisonnement semble à tout le monde concluant, et nous signons. Le colonel se retire enchanté. Le lieutenant vient à moi alors: « Ma foi, commandant, me dit-il, vous parlez comme Cicéron. Mais pourquoi donc voulez-vous tant qu'il soit empereur? — Pour en finir, et faire notre partie de billard. Et vous, pourquoi voulez-vous qu'il ne le soit pas? — Je ne sais, me répondit-il; mais je le croyais fait pour quelque chose de mieux. Un homme comme lui, Bonaparte, soldat, chef d'armée, le premier capitaine du monde, vouloir qu'on l'appelle Majesté! Être Bonaparte, et se faire Sire! En vérité, il aspire à descendre. »

Il faut avouer toutefois que la raison donnée par Paul-Louis Courier n'était pas trop mauvaise. « La nation veut un empereur », oui, c'était bien là le sentiment général et on a dit avec vérité que « les trois quarts des Français étaient du complot ». La France était monarchique: Napoléon le sentit et se fit empereur. La création d'une nouvelle noblesse fut une conséquence inévitable du retour à l'état monarchique.

L'anecdote suivante peint assez bien ce que pensait le peuple à cet égard. Peu après la proclamation de l'empire, Napoléon se rendit à Gênes, dont l'état venait d'être réuni à la France. A son retour, il montait à pied la rude côte de Tarare, près Lyon, quand il aperçut une femme vieille et boîteuse qui, tout essoufflée, cheminait à grand peine. Il s'approcha d'elle et lui demanda pourquoi, infirme comme elle semblait être, et ayant l'air si fatiguée, elle suivait à pied une route si pénible. — « Monsieur, répondit-elle, on m'a assuré que » l'Empereur doit passer par ici, et je veux le voir avant de mourir. » L'Empereur, qui voulait s'amuser, lui dit: « Ah! bon Dieu, pourquoi » vous déranger? c'est un tyran comme un autre. » — La bonne vieille, indignée du propos, répartit avec une sorte de colère: « Du moins, » monsieur, celui-là est de notre choix, et puisqu'il nous faut un maître, » il est bien juste à tout le moins que nous le choisissions. » L'Empereur et Berthier, qui l'accompagnait, ne purent s'empêcher d'en rire.

Comme on est en train de faire des découvertes et d'opérer des rec-

tifications à propos de l'époque impériale, on vient de découvrir aussi
que ce n'était sûrement pas Napoléon qui avait institué la Légion-
d'Honneur. La raison qu'on en donne c'est que, d'après la formule du
serment prescrit, les membres de cette légion juraient « de se dévouer
au service de la *République*. » Or, Bonaparte, dit-on, qui se préparait à détruire la République n'aurait pas prescrit ni adopté une
semblable formule d'engagement. On a tort de s'arrêter en si beau
chemin et je ne vois pas, d'après cela, pourquoi l'on ne prétendrait
pas aussi que ce n'est pas lui qui a institué et voulu l'empire, puisque
le serment qu'il dût prêter, en qualité d'empereur, était de maintenir l'intégrité du territoire de la *République*, de respecter et de
faire respecter les lois du Concordat et la liberté des cultes, etc.
(v. Thiers, t. V, p. 113).

Le mot République n'avait pas alors le sens qu'il a eu depuis.
Ce mot signifiait le contraire de l'ancien régime, de la féodalité, de la
dîme, des priviléges, de la religion d'Etat. Il voulait dire liberté de
conscience, égalité des droits, liberté personnelle, irrévocabilité de la
vente des biens nationaux, participation de la nation au vote des
impôts, abolition de l'arbitraire. Il n'impliquait d'ailleurs aucune forme
définie de gouvernement. On avait eu la république sous le gouvernement d'une Assemblée (la Convention), sous celui d'un Comité
(Comité de salut public), sous celui d'un Directoire, puis sous celui
de trois consuls, après quoi la République continua sous un premier
consul à vie, et enfin sous un empereur héréditaire. Le Sénatus-con-
sulte du 28 floréal an XII (18 mai 1804) portait que Napoléon
Bonaparte était « nommé empereur et, *en cette qualité*, chargé du
gouvernement de la République française. » Quant à l'hérédité, elle
fut le résultat d'un vote de la nation, qui seule pouvait s'engager dans
ce sens. La République, telle qu'on l'entendait alors, fut si peu abolie,
que les monnaies, qui portaient d'un côté *Napoléon, empereur*, portaient de l'autre *République française*: c'est ce dont chacun peut
s'assurer en consultant les monnaies de ce temps-là. Ce n'est qu'en
1809, à l'époque où Napoléon, arrivé à son apogée, voulut sérieu-
sement reconstituer l'empire d'Occident et faire de la France la tête
d'un vaste système fédératif, que les monnaies commencèrent à porter
les mots *Empire français*.

Quoi qu'il en soit, on ne peut contester l'assentiment général de la
nation à l'établissement de l'empire, ce qui n'empêche pas un écrivain
de nos jours d'assurer que « jamais on n'a plus audacieusement insulté
» au bon sens et à la vérité qu'en affirmant que l'empire était souhaité
» par la nation » (Lanfrey, III, 158). Il est vrai que le même auteur
nous assure aussi que l'institution de la Légion-d'Honneur était « une
»   ui ne pouvait germer que dans l'âme d'un despote et ne
» pouvait   acceptée que par des gens sans cœur. » (*Id.* II, 443).

JOSÉPHINE. — L'Impératrice Joséphine avait six ans de plus que l'Empereur; mais jamais femme ne fut pourvue de plus de grâces naturelles et ne sût mieux mettre en œuvre toutes les ressources de l'art pour combattre les injures du temps. Des yeux d'un bleu foncé, bordés de longs cils; une chevelure longue et soyeuse, d'une charmante nuance châtain clair; une peau éblouissante de finesse et de fraîcheur; une démarche souple et légère; une physionomie mobile et expressive avec un séduisant regard et un timbre de voix ravissant; et par dessus tout cela une bonté inépuisable lui gagnaient tous les cœurs. L'Empereur, qui l'aima passionnément, la grondait toutefois assez souvent à cause de son peu d'économie. Il fut poursuivi jusqu'à l'île d'Elbe des mémoires des fournisseurs de Joséphine. Ce qui l'excuse, c'est que s'il est vrai que son goût pour les bijoux et les parures entrait pour beaucoup dans ses dépenses excessives, sa générosité envers toutes les infortunes en fut cependant la principale source.

Napoléon avait 26 ans quand il l'épousa, le 9 mars 1796. Elle était veuve, depuis deux ans, du général vicomte de Beauharnais, qui avait péri sur l'échafaud révolutionnaire, et elle en avait deux enfants, Eugène, qui fut vice-roi d'Italie, et Hortense en qui revivaient les grâces de sa mère. Joséphine fut pour Napoléon la plus tendre et la plus dévouée des compagnes. Elle mourut le 29 mai 1814, frappée au cœur par la chûte de l'Empereur, qu'elle n'avait cessé de chérir.

On a publié les lettres de Napoléon à Joséphine; elles respirent la tendresse et la sensibilité. Il lui écrit de son camp de Finkenstein, en Prusse, le 10 mai 1807 : « Je reçois ta lettre. Je ne sais ce que tu me » dis des dames en correspondance avec moi. Je n'aime que ma petite » Joséphine, bonne, boudeuse et capricieuse, qui sait faire une que- » relle avec grâce, comme tout ce qu'elle fait, car elle est toujours » aimable, hors cependant quand elle est jalouse : alors elle devient » toute diablesse. » Le divorce fut un déchirement pour les deux cœurs. Trois jours après qu'il eut été prononcé, Napoléon écrit à Joséphine : « Je reçois ta lettre, mon amie. Savary me dit que tu » pleures toujours : cela n'est pas bien. J'espère que tu auras pu te » promener aujourd'hui. Je t'ai envoyé de ma chasse. J'irai te voir » lorsque tu me diras que tu es raisonnable et que ton courage prend » le dessus. Adieu, mon amie, je suis triste aussi » (19 décembre 1809). Il lui écrit encore, le 17 janvier 1810 : « Mon amie, d'Au- » denarde que je t'ai envoyé ce matin me dit que tu n'as plus de » courage depuis que tu es revenue à la Malmaison. Ce lieu est » cependant tout plein de nos sentiments, qui ne peuvent et ne doivent » jamais changer, du moins de mon côté. J'ai bien envie de te voir; » mais il faut que je sois sûr que tu es forte et non faible; je le suis » aussi un peu et cela me fait un mal affreux. Adieu, Joséphine, » bonne nuit. Si tu doutais de moi, tu serais bien ingrate. »

Toute sa vie, il garda le souvenir de cette amie si chère et si mal remplacée.

CAMP DE BOULOGNE. — Un journal soi-disant religieux a cru devoir récemment sanctifier sa dernière semaine de carême en allant chercher dans une vieille *Cloche* une vieille anecdote, extraite des mémoires de Constant, sur un accès d'irritation de Napoléon. Ier à Boulogne. Je ne chercherai pas à scandaliser ici la pieuse feuille en exhumant des anciennes chroniques quelque récit rétrospectivement hostile contre les papes et le clergé. Ce genre de réplique me serait trop facile, et je ne demanderai pas à S. Exc. M. Duruy « d'autoriser des conférences publiques sur ces questions. » Je voudrais seulement compléter en quelques points les souvenirs de ladite feuille sur cette époque impériale, au sujet de laquelle certain parti me semble passer un peu précipitamment de l'idolâtrie au dénigrement.

L'empereur Napoléon Ier, après avoir été légendaire, est en train de devenir historique. C'est une nouvelle phase de cette grande figure, et je ne crois pas, pour ma part, qu'elle ait rien à y perdre. Devons-nous, par un revirement antinational, renoncer à cette période si éclatante de nos annales, renier notre gloire et, pour faire pièce au second empire, avilir le premier? C'est là une tactique qui nous rend, il faut le dire, la risée des étrangers, toujours heureux de nous voir rabaisser nous-mêmes.

Soyons au moins de bonne foi. Si nous allons extraire des mémoires de Constant la scène de Boulogne, pourquoi retrancher du récit de ce fidèle serviteur les lignes suivantes :

« A Boulogne, comme partout ailleurs, l'Empereur savait se faire
» chérir par sa modération, sa justice et la grâce généreuse avec
» laquelle il reconnaissait les moindres services. Tous les habitants de
» Boulogne, tous les paysans des environs se seraient fait tuer pour
» lui. On se racontait les plus petites particularités qui lui étaient
» relatives. Un jour pourtant, sa conduite excita les plaintes, il fut
» injuste. » Puis vient l'histoire de la cravache.

Louis XIV lui aussi se laissa emporter un jour jusqu'à lever la canne sur un seigneur de sa cour; mais bientôt, contenant sa colère, il jeta sa canne loin de lui en s'écriant: Non, il ne sera pas dit que j'aurai frappé un gentilhomme de mon royaume. — Un historien bien pensant ne saurait manquer de voir là un exemple de la force d'âme du grand roi! Mais pour Napoléon, c'est autre chose. On ne se demandera même pas si, recevant un ordre de l'Empereur et trouvant des empêchements à l'exécuter, l'amiral Bruix, au lieu de déclarer brusquement que l'ordre ne s'exécuterait pas, n'aurait pas

tout aussi bien fait d'aller s'entendre avec l'Empereur et de lui exposer
ses raisons. On ne voudra pas voir cette espèce de bravade-maladroite,
qui semblait faite exprès pour irriter Napoléon et qu'explique seul
l'état maladif de Bruix, déjà sourdement miné par le mal qui devait
l'enlever quelques mois après. Rien de tout cela ne sera mis en balance,
car il faut pouvoir s'exclamer : « Toute l'imbécillité du despotisme et
» toute la servilité qu'elle exige n'éclatent-elles pas ici ! ! Mais quand
» il rencontrait le regard d'un homme, l'éclair d'une conscience,
» comme ce despote reculait et n'était plus qu'un homme *amoindri par*
» *les dimensions de son orgueil (sic)* ! ! Je voudrais que M. Duruy
» donnât ce sujet de composition française au prochain concours ! »

Après cette fougueuse tirade, voyez venir aussi la conclusion où
perce le bout de l'oreille :

« Nous sommes loin de ce despotisme qui aurait bien voulu pouvoir
» battre la mer en courroux et imiter ce fou de Xerxès ; mais *il faut*
» *empêcher qu'on ne l'admire ou qu'on ne le regrette*, et j'ai cru
» sanctifier ainsi ma journée d'aujourd'hui dimanche. »

Eh bien, puisque nous sommes loin de ce *despotisme* (vous en con-
venez), gardons au moins la gloire ; gardons le souvenir de cette époque
impériale qu'aucune autre, après tout, n'a égalée. Et si l'Empereur, avec
sa nature méridionale et cette ardeur de volonté qui fut une partie de
son génie, vous apparaît parfois comme un despote, prenez-vous-en
aussi à ceux qui l'ont tant encensé ; car c'est la servilité qui crée le
despotisme, et personne n'est esclave s'il ne veut l'être. Les mémoires
du temps (que vous exploitez si bien) nous ont légué à cet égard plus
d'un enseignement. Lisez, par exemple, ce qu'écrit M. de Bourrienne
à propos du mariage de l'Empereur : « Ce mariage, dit-il, avait mis
» en verve tous les poètes courtisans, et, dans cette lutte de louanges
» et de flagorneries, il faut dire que les faux dieux furent vaincus par
» le vrai Dieu ; car, malgré leurs vers admiratifs, aucun des disciples
» d'Apollon ne put atteindre, en exagération, les mandements des
» évêques. » (*Mémoires de Bourrienne*, t. IX, p. 32.)

Les rois de l'Europe n'étaient guère moins serviles. Pas un d'eux
n'osa donner asile à Louis XVIII, qui, de cour en cour, évincé de
partout, ne put se reposer qu'en Angleterre, où encore on lui signifia
de ne pas se rendre à Londres ou dans les environs (Id. t. VIII, p. 2,
suiv.) Il faut voir aussi (Ibid. p. 49, 50) avec quel bas empressement
les princes d'Allemagne briguaient la protection de Napoléon et solli-
citaient le bonheur de vivre sous ses lois en faisant partie de la confédération du Rhin. Lisez, je vous prie, les lettres de George-Guillaume
en date du 14 juin 1807 et de Pierre, duc de Holstein, en date du 23
novembre 1808. Quant aux gros potentats, ils n'étaient pas plus fiers
et signaient très-bien : *De votre Majesté impériale et royale le bon*
frère et ami (id. p. 80). Le chansonnier le leur a bien dit :

Vous rampiez tous, ô rois qu'on déifie!

Aussi quand, le 2 avril 1814, le Sénat déclara Napoléon Bonaparte déchu du trône et quand, le même jour, le gouvernement provisoire osa écrire et publier que Napoléon n'était pas même Français, l'Empereur, dans sa proclamation du 5 avril, à l'armée, répondit que, au temps de sa puissance « un signe était un ordre pour le Sénat, qui toujours faisait plus qu'on ne désirait de lui. Si l'Empereur, ajoutait-il, a été trompé par un faux enthousiasme, ceux qui ont tenu ce langage et ces discours flatteurs doivent s'attribuer à eux-mêmes et non rejeter sur autrui les suites de leurs flatteries. »

Que l'histoire juge donc les grands hommes comme ils le méritent, c'est-à-dire avec grandeur, et non avec les mesquines passions du moment. La vie de Napoléon fut un long duel contre la tyrannie que l'Angleterre commençait dès lors à faire peser sur le monde. Il fut vaincu, grâce à la stupidité de l'Europe corrompue par l'or anglais et qui, depuis ce moment, n'a cessé d'être vassale de l'Angleterre. Ce n'est pas à nous qu'il appartient de s'en réjouir et c'est un singulier patriotisme que celui de ces nouveaux historiens si acharnés à décrier une glorieuse mémoire.

ULM ET VIENNE. — Parmi ces historiens qui se font un devoir de rabaisser Napoléon, M. Lanfrey tient un des premiers rangs et j'avoue que la lecture de son *Histoire de Napoléon Ier* est un des principaux mobiles qui m'ont porté à écrire le présent essai. Parlant de la ruse de guerre au moyen de laquelle Lannes et Murat surprirent le pont du Danube à Vienne (novembre 1805), il appelle ce fait « une supercherie déloyale » (III, 349) et à ce titre il a soin de la mettre sur le compte de l'Empereur (note de la page 348). Quelques lignes plus loin, il parle d'une ruse analogue de Kutusoff pour échapper à la poursuite de l'armée française; mais comme Kutusoff est russe, M. Lanfrey s'égaie beaucoup de la chose et la trouve « très-spirituelle ». — Ailleurs, ayant à raconter la capitulation d'Ulm, l'un des plus beaux faits d'armes de notre armée, il s'évertue à établir que cette capitulation ne fut pas déjà si merveilleuse. Il atténue tant qu'il peut la force des corps ennemis, la valeur de leur général, la difficulté de nos opérations (id. p. 304 et suiv.), en sorte que nous avons l'air, en somme, de n'avoir guère enfoncé qu'une porte ouverte. Un peu plus, il en voudrait à Napoléon de n'avoir pas franchement averti Mack de ses projets, de les avoir dissimulés, au contraire, et de lui avoir ainsi donné le change. Quatre-vingt mille hommes, pris d'un seul coup de filet, c'est trop fort aussi!

Austerlitz. — Depuis qu'il s'était trouvé à Austerlitz, face à face
avec Napoléon, le czar Alexandre disait à ses confidents: « Quand
nous voulons lutter avec cet homme, nous sommes des enfants qui
veulent lutter contre un géant. »

Après cette victoire, l'Empereur fit partir aussitôt le courrier Moustache, pour en porter la nouvelle à Paris. Moustache fit toute la route
au galop; son dernier cheval, avec qui il avait fait plus de cinquante
lieues dans la journée, tomba mort en arrivant dans la cour du
château de St-Cloud; il fallut quatre hommes pour enlever le courrier
et le porter dans un lit. Joséphine lui remit un superbe diamant
qu'elle avait au doigt (1). — La commune de St-Cloud voulut célébrer de son mieux le retour de l'empereur après cette campagne. Elle
fit en conséquence dresser un arc de triomphe, à l'entrée de l'avenue
et, le soir où l'on attendait l'Empereur, le maire et ses adjoints, avec la
harangue obligée, passèrent une partie de la nuit au pied du monument. A la fin, comme rien n'arrivait, ils allèrent se coucher, non sans
avoir placé quelqu'un en sentinelle pour les prévenir de la venue de la
première estafette. On posa une échelle en travers de l'arc de triomphe,
pour que personne ne pût passer avant Sa Majesté. Malheureusement
l'argus municipal vint à s'endormir, et l'Empereur, arrivant sur le
matin, passa à côté de l'arc de triomphe barré. On en rit d'autant plus
que précisément le maire, fort digne homme d'ailleurs, s'appelait
Barré.

Par le traité de Presbourg, qui suivit la campagne d'Austerlitz,
Napoléon délivra l'Allemagne des derniers vestiges du gothique système féodal, si oppresseur pour les peuples ; en enlevant la Souabe et
le Tyrol à l'Autriche, il assurait l'indépendance de la Suisse et de
l'Italie, et du même coup il transformait en royautés les électorats de
Bavière et de Wurtemberg, en grand-duché le margraviat de Bade,
plaçant ainsi à notre porte des royaumes amis, qui malheureusement
(et ce n'est que trop ordinaire) ne se sont pas assez souvenus de ce
qu'ils nous devaient.

(1) Voici un autre trait de ce Moustache. Lorsque la paix fut conclue à Tilsitt,
Napoléon fit venir le prince Borghèse, mari de sa sœur Pauline: « Je viens de
conclure la paix, lui dit-il, et c'est toi que je charge d'en porter la première
nouvelle à Paris ; mais pars sur-le-champ et fais toute diligence. Le prince part,
et il était déjà loin quand Moustache, qui avait dû attendre les dépêches, se mit
en route. Il fit si bien qu'il rejoignit le prince à trente lieues de Paris. Le prince,
l'ayant aperçu, lui offrit vingt mille francs pour lui laisser seulement une heure
d'avance. L'incorruptible Moustache ne répondit qu'en faisant claquer son fouet, et
déjà ses dépêches étaient remises à Cambacérès, quand la voiture du prince
Borghèse se présenta aux barrières.

Les Provinces du Rhin. — Non content d'avoir ainsi fortifié ces
états, qui devenaient des pivots de résistance de tous les états faibles de
l'Allemagne contre la double tyrannie de l'Autriche et de la Prusse, il
voulut réunir en un faisceau, sous le protectorat de la France, tous les
peuples répandus sur les bords du Rhin. Le prince-primat, archevêque
de Mayence, puis de Ratisbonne, lui écrivait à ce sujet, le 10 avril
1806 : « Le génie de Napoléon ne se borne pas à créer le bonheur de
» la France ; la Providence accorde l'homme supérieur à l'univers.
» L'estimable nation germanique gémit dans les malheurs de l'a-
» narchie politique et religieuse : soyez, Sire, le régénérateur de sa
» constitution ! La majeure partie de nos lois ne présente que des mots
» vides de sens ; rien ne protège les droits de propriété et la sûreté
» personnelle contre les attentats du pouvoir arbitraire et de la cupi-
» dité. Un tel état est anarchique ; les peuples supportent les charges
» de l'état civil sans jouir de ses principaux avantages, position dé-
» sastreuse pour une nation foncièrement estimable par sa loyauté,
» son industrie, son énergie primitive. La constitution germanique ne
» peut être régénérée que par un chef de l'empire, d'un grand
» caractère, qui rende la vigueur aux lois en concentrant dans ses
» mains le pouvoir exécutif. Sa Majesté l'Empereur d'Autriche,
» François second, serait un chef respectable par ses qualités per-
» sonnelles ; mais dans le fait le sceptre d'Allemagne lui-échappe,
» parce qu'il a la majorité de la Diète contre lui ; qu'il a manqué à sa
» capitulation en occupant la Bavière, en introduisant les Russes en
» Allemagne, en démembrant des parties de l'empire germanique
» pour payer des fautes commises dans les querelles particulières de
» sa maison. Puisse-t-il être empereur d'Orient pour résister aux
» Russes, et que l'empire d'Occident renaisse en l'empereur Napoléon,
» tel qu'il était sous Charlemagne, composé de l'Italie, de la France
» et de l'Allemagne ! »

Un voyageur anglais, qui parcourut en touriste les provinces du
Rhin, peu après la chûte de l'Empereur, fut fort surpris de voir que
l'on regrettait partout les Français et que les Prussiens et Autrichiens
étaient détestés : « Quand nous avions les Français chez nous, disaient
les habitants, il se dépensait plus de *florins* que l'on ne voit de *kreutzers*
aujourd'hui. Les Autrichiens sont des brutes qui ne connaissent que la
bière et le tabac ; et les Prussiens sont des *faquins* si fiers qu'il n'y a
pas moyen de leur parler sans courir le risque d'être aussitôt assommé. »
Mayence et les autres cités du Rhin étaient devenues des villes quasi
françaises, où chacun parlait français, bien ou mal, et où la main de
Napoléon avait implanté les institutions françaises, particulièrement
les cours de justice, le jury, le code civil, la liberté de conscience,
l'instruction primaire. Darmstadt s'était agrandie et embellie ; Cassel
regrettait amèrement la magnificence et l'administration libérale de

l'*usurpateur* Jérôme; à Francfort, les chefs de manufactures se voyaient ruinés par leurs rivaux anglais. Les paysans montagnards du *Frey Gericht*, qui s'étaient enrôlés avec tant d'ardeur sous les drapeaux français et avaient fait avec nous, en gens de courage, les dernières campagnes de l'empire, étaient retournés, désespérés, dans leurs montagnes, refusant avec obstination de servir sous leurs princes allemands.

En 1839, Victor Hugo, visitant ces mêmes provinces, retrouva encore partout le souvenir de l'empereur. A Aix-la-Chapelle, le suisse qui lui montra le tombeau de Charlemagne, ne parlait que de Napoléon. A Cologne, on lui disait : *Oh! les Français, monsieur, prafes! prafes! Napolion, la querre à toute l'Europe! Oh! les Français pien prafes, monsieur. La païonnette au qui à tous ces Priciens! eine ponne quilpite gomme à Iéna! Prafo les Français!* Toute cette rive du Rhin, dit le poète, nous aime ; j'ai presque dit nous attend.

Il dit ailleurs : La confédération du Rhin était posée contre la France, Napoléon la retourna. Sa politique était une main qui plaçait et déplaçait les empires avec la force d'un géant et la sagacité d'un joueur d'échecs. En agrandissant les landgraves du Rhin, il les fit rois pour l'Allemagne, préfets pour la France. Il refit l'œuvre de Charlemagne, agglomèra les peuples et fit crouler ces forteresses féodales qui avaient déjà tremblé devant Louis XIV.

Il faut lire, à ce sujet, dans la *Correspondance*, les règles de conduite et de gouvernement que Napoléon, avec une sollicitude toute paternelle, avait tracées lui-même à son jeune frère Jérôme, établi par lui roi de la Westphalie : « N'écoutez point ceux qui vous disent que vos peuples, accoutumés à la servitude, recevront avec ingratitude vos bienfaits. On est plus éclairé dans le royaume de Westphalie qu'on ne voudrait vous le persuader ; et votre trône ne sera véritablement fondé que sur la confiance et l'amour de la population. Ce que désirent avec impatience les peuples d'Allemagne, c'est que les individus qui ne sont point nobles et qui ont des talents aient un égal droit à votre considération et aux emplois ; c'est que toute espèce de servage et de liens intermédiaires entre le souverain et la dernière classe du peuple soit entièrement abolie. Les bienfaits du Code Napoléon, la publicité des procédures, l'établissement des jurys seront autant de caractères distinctifs de votre monarchie. Et s'il faut vous dire ma pensée tout entière, je compte plus sur leurs effets, pour l'extension et l'affermissement de votre monarchie, que sur le résultat des plus grandes victoires. Les peuples d'Allemagne, ceux de France, d'Italie, d'Espagne désirent l'égalité et veulent des idées libérales. Voilà bien des années que je mène les affaires de l'Europe, et j'ai eu lieu de me convaincre que le bourdonnement des privilégiés était contraire à l'opinion générale..... » « Ayez soin que votre conseil d'Etat soit composé surtout de non nobles, toutefois sans que personne s'aperçoive de cette habituelle surveillance à maintenir en majorité le tiers-état dans tous les emplois. J'en excepte quelques places de cour, auxquelles, par suite des mêmes principes, il faut appeler les plus grands noms. Mais que dans vos ministères, dans vos conseils, s'il est possible, dans vos tribunaux et votre cour d'appel, dans vos administrations, la plus grande partie des personnes que vous emploierez ne soit pas noble. Cette conduite ira au cœur de la Germanie. Elle affligera peut-être la classe privilégiée ; n'y faites point attention ; il suffit de n'y mettre aucune affectation ; le principe avoué est de choisir les talents partout où il y en a... On ne manquera pas de vous faire des objections : opposez-y une ferme volonté. »

Politique de l'Empereur. — Le célèbre ministre anglais, Pitt, l'éternel ennemi de la France, mourut de douleur et de dépit, à la nouvelle de la bataille d'Austerlitz. En vain, il avait, en soudoyant les rois de l'Europe, fait lever ce fameux camp de Boulogne qui était devenu le cauchemar de l'Angleterre, et il avait tourné contre Vienne et Berlin l'armée qui menaçait Londres. Napoléon venait de frapper l'Europe de son gant de fer et il allait se tourner de nouveau contre cette oligarchie britannique, adversaire irréconciliable de la démocratie française.

« L'Angleterre ! si ma voix a quelque influence, disait le général » Bonaparte en 1797, jamais l'Angleterre n'aura de nous une heure » de trève. Oui, oui, guerre à mort à l'Angleterre, toujours ! » En lisant ces énergiques paroles, on croit entendre le serment d'Annibal. Napoléon y fut fidèle : toute sa vie est une lutte contre l'Angleterre. Italien d'origine, Français de cœur et de naissance, il fut la plus puissante personnification de la race latine et catholique en opposition avec la race protestante et anglo-saxonne. Il voulut comme Louis XIV, unir la monarchie espagnole à la monarchie française et, comme Charlemagne, associer à son empire la partie catholique de l'Allemagne et l'Italie. La création des royaumes de Bavière, de Wurtemberg, de Westphalie, de la Confédération du Rhin, son mariage avec une archiduchesse d'Autriche sont autant de traits de cette politique. Héritier à la fois de la monarchie et de la révolution, il avait un profond sentiment de son rôle : « Que l'on sache bien, disait-il, » que je ne me sépare pas de mes prédécesseurs et que je me tiens » pour solidaire de tous ceux qui ont gouverné notre nation, depuis » Clovis, Charlemagne et saint Louis, jusqu'au Comité de salut » public. »

Malgré tous ses efforts, tout son génie, et grâce à la connivence de l'Europe, achetée par l'or anglais, il échoua dans son œuvre. Mais qu'aujourd'hui l'Espagne en anarchie et le Portugal esclave de l'Angleterre se demandent ce qu'ils ont gagné à préférer Wellington à Napoléon ; que l'Autriche humiliée, la Bavière, le Hanovre et les princes du Rhin, absorbés par l'autocratie prussienne, voient à quoi les a conduits de marcher avec Blücher contre la France. C'est là ce que l'histoire impartiale aura un jour à examiner.

Un autre trait bien frappant du caractère politique de Napoléon, c'est qu'il eut toujours horreur de la démagogie. Il se sentait et se disait hautement le fils de la Révolution, le propagateur et le soutien des principes de 89, que son épée et son génie consacrèrent à jamais, mais il était en même temps un homme d'autorité et ne fut jamais le serviteur de la populace. Il est constant, et les historiens russes en conviennent, qu'il aurait pu, en 1812, après l'incendie de Moscou, triompher du czar et de la noblesse russe en faisant appel à l'insurrection des serfs ; il refusa. En 1814 et 1815 il aurait pu opposer à la coalition le soulèvement des sectionnaires de Paris et des provinces ; des attroupements se formaient sans cesse pour obtenir de lui d'accepter cette coopération ; des foules tumultueuses demandaient des fusils pour le défendre, il refusa ; il aima mieux tomber que de mentir à son génie, qui était avant tout un génie d'ordre et de régularité.

Il lui eût été facile aussi d'exciter les passions anti-religieuses, et quand ses démêlés avec le Pape lui causèrent tant de tracas, la tentation était grande. Il ne le voulut pas. « Dans une société quelconque, » disait-il, nul homme ne saurait passer pour vertueux et juste s'il ne ». sait d'où il vient et où il va. La simple raison ne peut nous fournir » là-dessus que de vagues lumières ; sans la religion l'homme marche » dans les ténèbres, et la religion catholique est la seule qui lui donne » des gages sur son principe et sur sa fin dernière. » Paroles bien remarquables et dont les indépendants de la pensée, les idolâtres de la certitude peuvent sourire, mais qu'il leur est impossible de réfuter.

S'il s'était fait le restaurateur du culte, il n'entendait pas pour cela se prêter à des exigences qui lui paraissaient incompatibles avec le progrès des idées. Il aurait pu éviter les plus graves difficultés avec le pape, en lui abandonnant les légations. Telle était l'espérance de Pie VII lorsqu'il vint sacrer Napoléon. Cette concession n'entrait pas dans les vues de l'empereur, qui aspirait à établir en Italie le régime civil et non à y perpétuer le régime ecclésiastique. « Je ne donnerai » pas, écrivit-il, les légations pour un raccommodement. Je serai toujours, pour la cour de Rome, Charlemagne et non Louis-le-» Débonnaire. »

Ses vues sur la Pologne et sur la Turquie se rattachent aussi au grand système de rénovation politique qu'il avait adopté et que l'on a souvent méconnu. Le ministre Talleyrand écrivait un jour au duc de

Rovigo : « A quoi bon pousser au-delà du Niémen? Il faut que l'empereur abandonne ses idées sur la Pologne : cette nation n'est propre à rien ; on ne peut organiser avec elle que du désordre. » Peut-être Talleyrand était-il dans le vrai. Mais Napoléon s'obstinait à ne pas désespérer de la Pologne. *L'Europe manquera d'équilibre*, disait-il, *tant que la Pologne ne sera pas rétablie.* Il tenait fermement aussi au maintien de l'empire ottoman et il regardait ce maintien comme une nécessité de l'ordre européen. C'est dans ce but qu'il attachait tant d'importance à posséder la Dalmatie et les provinces illyriennes, afin d'avoir toujours un chemin pour marcher au secours des Turcs. Ceux-ci ne surent pas le comprendre ; ils voulurent finasser avec lui et crurent pouvoir tirer parti de ses démêlés avec les Russes, tandis qu'ils auraient dû le soutenir par une diversion acharnée. Quand Napoléon entreprit sa grande lutte contre la Russie, lutte que, dans sa proclamation d'entrée en campagne, il caractérisait si bien en l'appelant « sa seconde guerre de Pologne », les Turcs n'eurent rien de plus pressé que de faire leur paix avec les Russes et de l'abandonner. Ils savent aujourd'hui ce qu'ils y ont gagné. Ils le sauront encore mieux dans quelque temps, et ce n'est pas moi qui les plaindrai.

Au reste, c'est une chose bien bizarre que l'équilibre de l'Europe paraisse tenir à deux choses aussi impossibles ou tout au moins aussi invraisemblables que le rétablissement de la Pologne et le maintien de l'empire ottoman. Si Napoléon y a échoué, je crois que personne n'y réussira, et rien ne prouve mieux, ce me semble, qu'il faut désormais chercher cet équilibre dans d'autres conditions.

IÉNA. Mme D'HATZFELD. — Après Iéna, l'empereur vint à Berlin, et le prince d'Hatzfeld accepta de gouverner la ville au nom des Français. Cependant on découvrit bientôt qu'il correspondait avec les ennemis et leur livrait le secret des positions de notre armée. Traduit devant un conseil de guerre, il allait être condamné, quand la princesse sa femme, alors enceinte, vint se jeter aux pieds de Napoléon, en protestant que son mari était incapable d'une pareille trahison. L'Empereur lui fit voir une des lettres du prince, que l'on avait saisie : « Reconnaissez-vous cette écriture, Madame, lui dit-il. » La pauvre épouse, confondue et atterrée, ne put que sangloter. « Eh bien ! ajouta l'Empereur, jetez cette lettre au feu ; la commission n'aura plus de preuves, et votre mari sera sauvé. » L'ingénieux annaliste que j'ai déjà cité se donne beaucoup de peine pour prouver que cet acte de clémence n'en était pas un. La lettre du prince d'Hatzfeld, à l'entendre, n'était qu'une « communication inoffensive », une action louable même, puisqu'elle avait pour mobile la fidélité au roi de Prusse. Quant à Napoléon, il est vertement tancé et, à ce propos, assimilé tout uniment à César Borgia (Lanfrey, III, 506). Je regrette que M. Lanfrey n'ait pas occasion de s'entretenir là-dessus avec le digne M. Morbotter, mon voisin. Il saurait de ce brave commerçant prussien, établi à Metz, que la nation prussienne a conservé un souvenir d'admiration pour cet acte de l'Empereur. « C'est plus glorieux pour lui qu'une victoire », voilà ce qu'on dit en Prusse. En France, il se trouve quelqu'un qui dit : « Ce sont des niais ceux qui louent Napoléon de « s'être abstenu de faire assassiner un innocent ». J'aime mieux être prussien comme mon voisin, que français comme notre annaliste.

Dans une lettre écrite peu après l'événement, Napoléon, qui ne se doutait pas qu'un jour M. Lanfrey viendrait lui contester sa générosité, raconte ainsi la chose à sa femme : « J'ai reçu ta lettre où tu me parais
» fâchée du mal que je dis des femmes. Il est vrai que je hais les
» femmes intrigantes au-delà de tout. Je suis accoutumé à des femmes
» bonnes, douces et conciliantes : ce sont celles que j'aime. Si elles
» m'ont gâté ce n'est pas ma faute, mais la tienne. Au reste tu verras
» que j'ai été fort bon pour une qui s'est montrée sensible et bonne,
» madame d'Hatzfeld. Lorsque je lui montrai la lettre de son mari,
» elle me dit en sanglotant, avec une profonde sensibilité et naï-
» vement : — c'est bien là son écriture. — Son accent allait à l'âme ;
» elle me fit peine. Je lui dis : — Eh bien ! madame, jetez cette lettre
» au feu ; je ne serai plus assez puissant pour faire condamner votre
» mari. Elle brûla la lettre et me parut bien heureuse. Son mari est
» depuis tranquille : deux heures plus tard il était perdu. Tu vois donc
» que j'aime les femmes bonnes, naïves et douces ; mais c'est que
» celles-là seules te ressemblent. » On n'aperçoit rien dans cette lettre qui dénote l'âme et les projets d'un « assassin ». M. Lanfrey, qui veut que la supplication de madame d'Hatzfeld ait été une « scène arrangée », sera donc obligé aussi de regarder cette lettre intime de Napoléon à Joséphine comme une *lettre arrangée*. C'est déjà un peu difficile à admettre..

Il y a d'ailleurs, disons-le, un témoignage qui défie tous les dénigrements rétrospectifs : c'est l'ardente reconnaissance de M. d'Hatzfeld ; et cette ardeur de gratitude alla si loin qu'il encourut par ce fait la disgrâce de son souverain. Napoléon fut même obligé d'intervenir pour le protéger contre les suites de cette disgrâce. On peut voir là-dessus sa lettre du 9 mai 1810 (tome XX, p. 335 de sa correspondance). Tout homme impartial dira que cette gratitude du prince d'Hatzfeld, qui s'était signalé jusque-là par sa haine contre Napoléon et les Français, atteste la clémence et la générosité de l'Empereur. On n'est pas reconnaissant envers un assassin ; on l'est envers un ennemi qui vous a sauvé et pardonné.

Ce n'est pas d'ailleurs la seule fois que Napoléon se soit montré clément. Il y en a bien d'autres exemples; car quoi qu'on en veuille dire, il était bon. Je citerai seulement ici quelques traits, qui sont analogues à celui que je viens de rappeler.

On sait qu'il accorda aux prières de Madame de Polignac la grâce de son mari, qui s'était associé à Cadoudal pour l'attaquer et le faire périr pendant qu'il se rendrait avec une faible escorte, comme il avait coutume, de Paris à St-Cloud.

A son arrivée à Madrid, en 1808, il se montra fort irrité de la conduite d'un émigré français, le marquis de Saint-Simon, qui avait porté les armes contre sa patrie, et s'était comporté à l'égard de nos soldats en ennemi acharné. Cet émigré allait être passé par les armes, lorsque sa fille vint se jeter aux genoux de l'Empereur, et obtint sa grâce.

Il pardonna aussi, en 1813, à un négociant de Leipzig nommé Moldrecht, accusé et convaincu d'avoir distribué parmi les habitants et jusque dans l'armée des proclamations de l'infâme Bernardotte, provoquant les Saxons à trahir l'empereur. On sait que cet appel à la trahison ne fut que trop entendu et que, au plus fort de la bataille qui eut lieu quelques jours après, les Saxons tournèrent contre les Français, leurs frères d'armes, les canons qui, un instant auparavant, étaient dirigés contre nos ennemis.

Tout économe qu'il était, il ne regardait pas à l'argent lorsqu'il s'agissait des malheureux. On raconte de lui d'innombrables actes de bienfaisance. Dans ses promenades, dans ses courses militaires même, il s'arrêtait volontiers à quelque pauvre demeure et, sans se faire connaître, il y répandait de larges aumônes.

Étant encore Premier Consul, il apprit qu'il y avait à Saint-Cloud un grand nombre d'anciens serviteurs de la reine Marie-Antoinette, qui vivaient dans la gêne. Il s'empressa de leur faire proposer soit leurs anciennes places, soit des pensions. La plupart reprirent leurs places. En 1814 on fut loin d'agir aussi généreusement: tous les employés furent renvoyés, même ceux qui avaient servi Marie-Antoinette.

PARALLÈLE ENTRE M. LANFREY ET LE R. P. LORIQUET. — J'ai cru devoir insister sur ce point, afin de montrer, par un exemple, comment certaines personnes entendent l'histoire. Je ne vois pas, pour moi, beaucoup de différence entre cette prétendue histoire de Napoléon Ier et celle que publia jadis, à la grande jubilation de la postérité, le révérend père Loriquet, de célèbre mémoire. Loriquet nous présente le farouche Bonaparte « se couvrant du sang

des Toulonnais pour se baigner ensuite dans celui des Parisiens »
(II, 231), prodigue de « promesses fallacieuses, non moins que
d'audace et de perfidie » (p. 259) ; « se déshonorant en Italie par
l'intrigue, la violence, les supplices, le pillage, les exactions » (p. 260,
261) ; se faisant battre par Wurmser, dont il ne triompha à la fin que
par la supériorité du nombre » ; « prenant Malte par surprise et trahison,
soumettant l'Egypte par les ressources d'un esprit déjà fécond en
moyens de nuire » (p. 271) ; puis transformé en « verge de l'Europe »
et mis en cette qualité au service « de la Providence, pour être l'exé-
cuteur des hautes-œuvres de la justice divine » (p. 274). A partir de ce
moment, les révélations du père Loriquet deviennent de plus en plus
stupéfiantes jusqu'au moment où il nous montre Napoléon revenant de
l'île d'Elbe, entouré de ses partisans qui criaient tous à qui mieux
mieux « vive l'empereur, vive l'enfer, à bas le paradis » (p. 335). De
là « il s'avança bientôt vers les frontières du nord ; il eut sur les
» Prussiens, près de Fleurus, un avantage qu'il ne manqua pas de
» publier comme une victoire. A Waterloo, il perdit la tête, abandonna
» son armée et disparut. C'est alors que l'un des corps de la garde
» impériale, invité à se rendre, répondit : la garde meurt et ne se rend
» pas, et aussitôt l'on vit *ces forcenés* tirer les uns sur les autres et
» s'entretuer sous les yeux des Anglais, que cet étrange spectacle
» tenait dans un saisissement mêlé d'horreur ». (Loriquet, p. 348, 340,
édition de 1831).

A cette agréable façon de raconter l'histoire, comparons celle de
M. Lanfrey. Chez lui, comme chez son devancier, je rencontre un invincible penchant à toujours rabaisser le mérite de nos victoires en
diminuant la force des corps ennemis et en faisant tout son possible
pour prouver que nous avions la supériorité du nombre (I, 85 et *passim*).
Chez lui aussi je découvre une tendresse singulière pour ces pauvres
ennemis, que l'on pille, que l'on tracasse vraiment par trop ; même
pour cet excellent gouvernement de Venise que Bonaparte a bien tort
d'appeler atroce, perfide, sanguinaire (I, 266), comme si le conseil
des Dix, l'inquisition, le pont des soupirs, les oubliettes et les plombs
de Venise méritaient de si dures qualifications ! Au surplus, ce
Bonaparte lui-même, qu'était-il, qu'un jacobin « pris en amitié par
Barras, *à cause de sa ressemblance avec Marat* » (I, 72) ; un tyran de
l'Italie « que l'Autriche avait au contraire toujours traitée avec douceur
et ménagement » (*id. p.* 119) ; un général « bien inférieur à César »
« bien distancé par Washington » (*ibid*, 121, 124), un mauvais
« imitateur de Charles XII (*ibid*, 278), une âme petite, que Frédéric II
domine de très-haut » (III, 499). Ne nous parlez pas de ses victoires.
En vérité elles n'en valent guère la peine et elles ont été fort surfaites.
Ainsi, avec votre « patriotisme étroit, inintelligent » (Lanfrey, I, 234),
vous allez peut-être nous vanter Austerlitz. Eh bien, quoi? « Aus-

terlitz fut une tuerie, un coup de surprise, pas autre chose » (*id.* III, 393 et 410). Il en est de même du reste. Le passage des Alpes fut « une opération d'un ordre inférieur »; Marengo une « victoire de hazard, un exploit d'aventurier » (*id.* II, 186); Iéna fut un triomphe facile, une « opération qui n'offrait presque aucun danger » (*id.* p. 481).

Nous ne savons pas encore ce que seront Eylau, Friedland, Espinosa, Essling, Wagram, la Moscowa, Lutzen, Leipsick, Montmirail, Montereau, Ligny, Waterloo, attendu que les élucubrations dont M. Lanfrey gratifie le public ne se sont pas encore étendues jusques-là. Ces grandes journées trouveront-elles grâce devant l'implacable sévérité de l'irréconciliable contrôleur de notre gloire? c'est douteux. Pour moi, je me demande ce que va devenir Napoléon dans les volumes subséquents de notre auteur. Car après nous l'avoir montré, dans le premier volume, n'agissant que par feinte (I. 139, 231, 245), mensonge (145), fourberie (154, 254, 261, 270), semblants de magnanimité (204, 210, 241), il ne nous montre plus en lui dès le troisième tome qu'un charlatan (III, 428), une âme sans foi et un audacieux imposteur (p. 443). Il finit même par le considérer comme « atteint d'aliénation mentale » (p. 438) et « un pauvre insensé » (p. 469). Or, nous n'en sommes encore qu'à Iéna. Que sera-ce plus tard, lorsqu'il s'agira de Friedland, de Tilsitt, de Wagram, de Bautzen, de Dresde, de Champ-Aubert, d'Arcis-sur-Aube, de Sainte-Hélène? Quelles flétrissures la plume de M. Lanfrey réserve-t-elle alors à l'Empereur? Comment la marche ascendante de sa sévérité suivra-t-elle le progrès de son héros? C'est sur quoi je m'interroge avec inquiétude, sûr d'ailleurs que cet honorable écrivain, dans ses derniers volumes comme dans ses premiers, restera fidèle à sa devise, qui est que « *le premier devoir de l'histoire est l'exactitude* (I. 204).

Grâce à lui, je commence à me guérir du « préjugé vulgaire » qui me faisait regarder Napoléon comme un grand homme. Guidé par les « appréciations clairvoyantes » de notre auteur, je pèse l'empereur dans ma balance « avec le calme de l'équité et avec la dignité du juge » (Lanfrey, t. I et II) et je proclame que ce fut un « *charlatan effréné* » (*id.* III, 447), ayant, à la vérité, le privilége *d'électriser la brute militaire* » (*Ibid.* p. 498), mais voué à tous les « misérables expédients du despotisme et transformant Dieu lui-même en gendarme » (*id.* 409 et 458). Quand, après ses victoires, il stipulait des arrangements, des échanges de territoire, croirait-on que « en général, les indemnités qu'il proposait étaient à prendre sur l'étranger » (III, 435) et non pas sur la France elle-même? c'est là une conduite inqualifiable et que les étrangers se sont bien gardé d'imiter à notre égard en 1814 et en 1815, années célèbres par leur désintéressement. C'est qu'aussi les étrangers nous sont bien supérieurs. Voyez « *l'Angleterre, pre-*

» *mier peuple du monde* par l'intelligence, par l'énergie, par les
» lumières, par les richesses, par l'esprit national ; et Pitt, ce grand
» ministre, dont le regard pénétrant déconcerta tant de fois le char-
» latanisme impérial. » Voyez la Prusse : c'est là « un gouvernement
» que l'on peut croire sur parole et qui n'a que des scrupules hono-
» rables » (*id.* III, 29, 428, 432). Votre patriotisme étroit et inintelligent se refuse à ces vérités, c'est un tort.

Quant à l'administration intérieure de Napoléon, il y a aussi bien à
en rabattre. Car, sans parler des « travaux à la fois fastueux et sté-
riles » qu'il ordonna, tels que monuments, églises, ponts, colonnes,
arcs de triomphe, tribunaux de commerce, etc. (*id.* III, 447), ses
institutions, tant vantées, sont loin de mériter nos éloges. L'Université,
par exemple, qu'est-elle ? Vous allez le savoir : « Napoléon éprouvait
» pour les Jésuites une admiration sans bornes ; mais ne pouvant, à
» son grand regret, s'arranger avec eux et leur confier l'éducation
» nationale, il fonda l'Université, *sorte de jésuitisme laïque*, dont il
» devait être lui-même le chef » (*id.* III, 454). Plus d'un professeur
de l'Université sera peut-être étonné d'apprendre qu'il est jésuite : c'est
à l'excellent M. Lanfrey qu'il devra cette satisfaction.

ADMINISTRATION. — Étant à Napoléon-Vendée, j'entendis raconter
que l'empereur, passant un jour par cette ville, qu'il avait créée, voulut
la visiter en détail. Arrivé aux casernes, pour la construction desquelles il avait donné une somme considérable, il vit qu'on avait fait
une mauvaise bâtisse en pisé et en torchis, manda l'entrepreneur et,
tirant son épée, la passa au travers d'un des murs : « Voyez, s'écria-t-il
irrité, ce que vous m'avez bâti là. » Il prescrivit aussitôt la construction
de nouvelles casernes en bonne pierre, et choisit lui-même pour leur
emplacement le site de l'ancien château où elles s'élèvent aujourd'hui.
On montre encore *le trou de l'épée* dans les vieilles casernes aban-
données, dont la vaste solitude sert de refuge à tous les bohémiens de
la contrée.

J'ai cité ce trait, légendaire ou non, parce qu'il montre bien ce
qu'était l'empereur, dans les petites choses comme dans les grandes,
voyant tout par lui-même, sévère à l'égard des dilapidateurs et faisant
sentir partout sa présence par l'action d'une autorité aussi ferme que
clairvoyante. Il ne peut entrer dans mon plan d'exposer ici tout ce que
la France dut à son active administration. Je dois me borner à en
donner une idée générale.

Il fit établir à travers les Alpes, la belle route du mont Cenis et,
jusqu'à sa déchéance, il ne cessa de soutenir les religieux hospitaliers
du Saint-Bernard. C'est à lui que l'on doit aussi la célèbre route de

la Corniche, allant de Nice à Gênes le long des rampes de l'Apennin,
celles du Simplon, du mont Genèvre, celles de Roanne à Lyon, de
Metz à Mayence. Les canaux du Rhône au Rhin, du Rhin à l'Escaut,
de Nantes à Brest, ceux de l'Ourcq, de St-Quentin, de Bourgogne,
furent ordonnés ou continués par lui.

Il fit réparer la basilique de St-Denis, antique sanctuaire des sé-
pultures royales et y institua un chapitre de dix vieux évêques pour
prier sur ces tombes dévastées. L'église de Sainte-Geneviève (Panthéon)
fut rendue au culte; l'Université impériale fut fondée; le Code civil fut
élaboré, le Conseil d'Etat réorganisé, le Calendrier grégorien rétabli
(1er janvier 1806).

Le bronze des canons pris sur l'ennemi servit à élever la colonne
Vendôme, éternel monument de notre gloire. On construisit l'arc de
triomphe du Carrousel et celui de l'Etoile. On décida l'achèvement du
Louvre et la construction d'une rue splendide allant du Louvre à la
barrière du Trône. Paris fut pourvu d'eaux abondantes que versaient
jour et nuit des fontaines monumentales. Les ponts d'Austerlitz et
d'Iéna furent construits; les quais de la Seine continués. Il voulait
reconstruire la bibliothèque impériale, restaurer la Sorbonne et l'Hôtel-
Dieu, élever de nouveaux hôpitaux, ériger un palais pour la Bourse,
ranimer Versailles. Le temps seul manqua à son génie organisateur.

Il s'occupa surtout de restaurer les finances, et malgré les guerres,
malgré les dépenses résultant des grands travaux publics, du rétablissement du culte, de la dotation de l'Université et des grands corps
de l'Etat, il sut trouver dans les indemnités prélevées sur les pays
conquis, dans le rétablissement des impôts nécessaires (contributions
indirectes, impôt du sel) de quoi subvenir aux charges. Il put même
abolir le droit de barrière sur les routes, genre d'impôt qui soulevait
d'universelles réclamations. Son budget se réglait à 820 millions, dont
700 net pour le Trésor, déduction faite des frais de perception. La
Banque de France, raffermie par lui, est devenue un établissement de
crédit dont la solidité a bravé depuis les jours les plus orageux.

N'étant encore que Premier Consul il avait rétabli le culte catholique et ce ne fut pas sans exciter beaucoup de murmures et de
railleries. On craignit les sifflets jusque dans l'église, et le sage
Cambacerès en avertit Bonaparte qui répondit: « Si quelqu'un s'avise
de siffler, je le ferai mettre à la porte par les grenadiers de la garde
consulaire. » En sortant de la cérémonie, il dit à l'un de ses généraux :
Eh bien! n'était-ce pas beau ? — Oui, répliqua celui-ci, c'est une
assez belle arlequinade, mais il y manque le million de gens qui se
sont fait tuer pour empêcher le retour de ces farces. Jusqu'au sein de
sa toute-puissance impériale et de sa gloire, Napoléon fut poursuivi
par les rancunes qu'avait suscitées contre lui cet acte de rétablissement
du culte, acte dont les intéressés pourtant ne lui gardèrent pas une

bien longue reconnaissance. Après Wagram on découvrit, même parmi les généraux et officiers de l'armée, les ramifications d'une société secrète dite des *philadelphes* (ou de la Fraternité) qui se proposait pour but de sauver la patrie des dangers auxquels l'exposait le rétablissement des anciennes institutions religieuses. Le général Oudet, l'un des chefs de cette affiliation, périt héroïquement à Wagram. Le lendemain, quand on le déposa dans la tombe, plusieurs officiers et soldats, dans leur désespoir, se tuèrent eux-mêmes sur sa fosse.

L'industrie et le commerce durent à l'empereur de nombreuses améliorations. Il établit des expositions publiques de l'industrie française, encouragea Jacquart; s'occupa de supprimer la mendicité en donnant partout du travail aux indigents et en établissant à cet effet des ateliers de charité dans chaque département. Pour prévenir les disettes et favoriser en même temps les agriculteurs, il eut l'idée de faire une sorte de mont-de-piété des grains, c'est-à-dire de prêter aux fermiers sur les grains qu'ils déposeraient dans les greniers publics. Après avoir restauré les manufactures de soie de Lyon, il en surveillait les produits avec une extrême sollicitude, et quand ces produits étaient défectueux, il ne manquait pas d'en avertir les syndics.

Sa correspondance nous le montre portant sa vigilance sur tous les points avec une infatigable activité. Dans un même jour, nous le voyons écrire au czar Alexandre, pour le remercier de belles fourrures que ce souverain lui a envoyées en cadeau, traiter avez lui du même coup les affaires politiques du Nord ; expédier des ordres à ses agents extérieurs pour le règlement d'une foule de questions pendantes ; rédiger pour l'Ecole d'artillerie et de génie de Metz des prescriptions détaillées concernant les études et exercices des élèves de cette Ecole ; rendre un décret pour réorganiser les sœurs de charité, pour étendre leur institution et l'appliquer à la totalité des établissements consacrés aux malades et aux pauvres ; dicter à son major-général Berthier l'état de répartition d'une somme de onze millions (prélevés sur la Prusse vaincue) entre les généraux et officiers français qui se sont signalés dans la dernière guerre.

S'il aime à récompenser les braves et à subvenir aux besoins de leurs familles, il ne tolère pas les dilapidations et réprime avec énergie les généraux qui se les permettent. La guerre a pris sous lui un caractère nouveau de probité et de respect à l'égard des populations vaincues « Le temps des abus est passé » dit-il souvent dans ses lettres. Il eut quelque peine à couper court à ces exactions et parfois, quand le scandale était avéré, il n'hésita pas à mettre à l'ordre du jour de l'armée la répression infligée aux officiers pris en faute (v. lettre du 11 septembre 1807 et autres).

Il n'était pas moins attentif à surveiller les dépenses de sa maison Un jour, visitant une résidence impériale nouvellement restaurée, i

coupa prestement et mit dans sa poche un gland de rideau, puis il
alla s'enquérir lui-même, chez les marchands de la rue Saint-Denis,
du prix réel de cette fourniture, pour contrôler le prix porté sur le
mémoire. Un autre jour, comme l'impératrice Joséphine, toujours peu
regardante, avait envoyé à la femme du prince Eugène une guir-
lande d'hortensias en pierres précieuses, il écrivit au prince : « Je
désire que vous fassiez estimer cette parure, sans que la princesse en
sache rien, par de bons bijoutiers, et que vous me fassiez connaître
cette estimation, afin que je voie de combien ces messieurs ont l'habitude de me voler. »

Il protégeait également les intérêts des particuliers et du commerce.
Il écrit au grand juge Régnier : « Faites une enquête sur les notaires
douteux, principalement sur ceux qui sont les notaires de toutes les
mauvaises affaires. Je veux de l'ordre, et je ne veux pas que de mal-
honnêtes gens soient autorisés à surprendre la confiance du public.
L'intervention de mon autorité est nécessaire après tant de désordre.
— Le ministre de l'intérieur lui demande, au nom de plusieurs conseils municipaux, la permission de lui envoyer des députations. Il répond : « Accordé, si ces députations ne coûtent rien aux communes. »

Restaurateur du culte, il veille avec une sorte de tendresse paternelle à ce que l'esprit chrétien préside à l'éducation des jeunes filles
d'Ecouen. Il écrit à Lacépède : « La plus stricte égalité doit régner
entre elles. Ce que je vous recommande principalement, c'est la religion. Le choix d'un directeur est donc un objet de la plus grande importance. » Il établit des séminaires diocésains, avec 2400 bourses
et demi-bourses aux frais du Trésor public ; il s'occupe en outre
d'y faire fonder des bourses par les communes, en attribuant aux corps
municipaux la nomination des élèves boursiers (lettre du 9 octobre
1807). Il met à la charge de l'Etat 30,000 succursales. « Par ce
» moyen, dit-il, toutes les querelles finiront entre les communes et les
» succursalistes, et ces derniers recevront tous un traitement de nous,
» et seront immédiatement payés par nous. » Il assure ainsi la dignité
et l'indépendance du sacerdoce, jusque dans la personne du moindre
prêtre de campagne.

En même temps il a l'œil ouvert sur les congrégations religieuses, et
il établit un conseil chargé de dresser l'état de toutes les congrégations,
de leurs statuts et de leurs revenus. A son retour de la campagne de
Friedland, il commence à être singulièrement frappé de l'esprit de
secte et de mystère qui règne dans ses associations. Il demande un
rapport « faisant connaître en réalité et sans fard le but véritable de
» ces institutions, qui n'ont jamais été approuvées par l'empereur en
» connaissance de cause, attendu qu'il a cru ne signer que pour des
» maisons de charité. Il devient évident, dit-il, que ces associations
» n'ont mis dans les réglements soumis à l'autorité publique que ce qui

» était nécessaire pour se faire approuver, et l'on a lieu de penser
» que leur véritable règle est soustraite à cette autorité. L'empereur
» n'a pas l'habitude de se laisser tromper : il veut être éclairé com-
» plétement. » Il tient à ce qu'un compte exact lui soit rendu de la
direction donnée aux sommes provenant de la vente des dispenses de
carême, sommes qui, dans certains diocèses, montent à plus de 100,000
francs. Il prescrit le même examen pour les donations, qui, dans
quelques départements, atteignent en une seule année, le chiffre de
200,000 francs. Il ajoute : « Qu'est-ce que les Pères de la Foi? ils ont
» été supprimés et cependant ils existent. Il y en a, dans plusieurs
» villes, qui rivalisent avec l'instruction publique, discréditent les lycées,
» et s'emparent de l'esprit de la jeunesse. On assure qu'ils entretien-
» nent des rapports avec Rome et qu'ils ont un chef secret. Cela est-il en
» effet? Qu'est-ce qui distingue un Père de la Foi d'un Jésuite? A
» quoi les reconnaît-on? Combien il y a-t-il de colléges entre leurs
» mains? Enfin, quels moyens faut-il prendre pour empêcher les asso-
» ciations qui entretiennent, en France, des politiques et des corres-
» pondances étrangères? Que convient-il de faire, pour s'assurer que,
» dans les séminaires, et que partout où l'on donne des leçons d'his-
» toire et de théologie, on se conforme aux principes de l'église
» gallicane? Le conseil fera un travail sérieux sur ces divers objets. »
(19 octobre 1807).

Les principes de l'église gallicane, il les regarde comme la sauve-
garde de la religion. « En Allemagne, dit-il, les fausses mesures de la
» cour de Rome ont produit le dépérissement de la religion ; égale-
» ment en Suisse ; partout elles sont une source de discordes. Les
» états de la monarchie française se sont garantis de ces maux en se
» tenant fermes aux principes de nos pères et attachés aux libertés de
» l'église nationale. » (28 septembre 1807).

Il supprima, en Italie, les couvents inutiles et, le jour de son
entrée à Madrid, il prit la même mesure pour l'Espagne. Il affecta à
l'entretien des paroisses et des prêtres qui les desservaient les fonds
provenant des couvents supprimés. Les moines d'Espagne, dont la
multitude était grande, ne le lui pardonnèrent pas et furent les principaux instigateurs et acteurs de la guerre atroce qui suivit.

AFFAIRES D'ESPAGNE. — Après avoir encore une fois écrasé à
Eylau et à Friedland (1807) les stipendiés de l'Angleterre, Napoléon,
le traité de Tilsitt conclu, voulut étouffer en Espagne le dernier foyer
des intrigues britanniques.

Dès le 12 octobre 1807, il écrivait au roi d'Espagne, Charles IV :
« Nous ne pouvons arriver à la paix qu'en isolant l'Angleterre du con-
» tinent et en fermant tous les ports à son commerce. Je compte sur

» l'énergie de Votre Majesté dans cette circonstance ; car il est indis-
» pensable de forcer l'Angleterre à la paix pour donner la tranquillité
» au monde. » Le 10 janvier 1808, il accueille la proposition faite
par ce souverain d'unir le prince des Asturies à une princesse de
France pour consolider les liens des deux Etats et afin que de concert
ils puissent travailler à soumettre « leurs plus implacables ennemis. »
Mais que faire avec un royaume rongé par des discordes intestines,
des révolutions de palais et une administration insensée? Il exhorte
pourtant le prince royal Ferdinand à se réconcilier avec son père et
à ménager le prince de la Paix, que la populace de Madrid, soulevée
par Ferdinand, avait failli égorger : « Je ne suis point juge, lui écrit-il
» le 16 avril 1808, des événements d'Aranjuez et de la conduite du
» prince de la Paix ; mais ce que je sais bien, c'est qu'il est dangereux
» pour les rois d'accoutumer les peuples à répandre du sang et à se
» faire justice eux-mêmes.... Le prince de la Paix n'a plus d'amis :
» Votre Altesse n'en aura plus, si jamais elle est malheureuse. Les
» peuples se vengent volontiers des hommages qu'ils nous rendent...
» Le mariage d'une princesse française avec Votre Altesse royale, je
» le tiens conforme aux intérêts de ma nation. » Il écrit à son frère
Joseph (18 avril) : « Les circonstances veulent que je couvre l'Europe
» de mes troupes. L'Angleterre commence à souffrir. La paix seule
» avec cette puissance me fera remettre le glaive dans le fourreau. »
Mais c'est en vain qu'il a espéré un instant réveiller le sentiment
d'honneur et l'énergie au sein de la dynastie dégénérée des Bourbons
d'Espagne. Un roi presque imbécile, une reine livrée à un favori hon-
teux et l'héritier du trône en guerre avec sa propre famille ne laissent
plus de chances à un meilleur avenir. Alors il se décide à placer l'un
de ses frères sur le trône d'Espagne, et plût à Dieu que la noble nation
espagnole, égarée par des moines fanatiques et cupides, n'eût point
rejeté cette nouvelle importation d'une dynastie française ! Elle ne
serait point aujourd'hui si tristement déchue ; elle ne se verrait pas
déchirée par les convulsions d'une éternelle guerre civile ; elle ne serait
pas devenue la risée de l'Europe. .

C'est dans la correspondance, soit intime, soit officielle de Napoléon
qu'il faut chercher le sens de cette entreprise, si souvent reprochée à
ce grand homme comme une faute. Jamais son vaste génie ne se
déploya avec plus de vigueur que dans cette occasion ; jamais il ne fut
plus français, plus profond politique, plus digne de l'admiration des
gens éclairés. « De tous les Etats de l'Europe, dit-il, il n'en est aucun
dont le sort soit plus nécessairement lié à celui de la France que l'Espagne. L'Espagne est pour la France une amie utile ou une ennemie
dangereuse. La rivalité sanglante de Charles-Quint et de François Iᵉʳ ;
les troubles de la ligue, les désordres de la Fronde attestent les maux
que l'inimitié de ces deux nations peut créer. La puissance de

Louis XIV ne fit rien de plus grand que l'établissement d'une dynastie française en Espagne. Cet acte de sa prévoyante politique a valu aux deux contrées un siècle de paix après trois siècles de guerre. Mais la révolution française a brisé ce lien et créé de nouveaux intérêts pour les deux nations. Il faut qu'un gouvernement issu de ces nouveaux intérêts, qu'un prince sincèrement uni à la France fasse renaître l'alliance et la solidarité des deux pays. C'est l'ouvrage de Louis XIV qu'il faut recommencer. »

La situation de l'Espagne appelait d'ailleurs son intervention. Il ne pouvait ni entreprendre la restauration de l'inepte Charles IV, renversé par un mouvement populaire ; ni reconnaître un fils presque parricide, qui venait de détrôner son père ; ni abandonner l'Espagne à elle-même, ce qui équivalait à la livrer aux Anglais (voir sa correspondance, au 24 avril 1808). Dès lors, que restait-il à faire, sinon ce qu'il a fait ? Voilà ce qu'il est bon d'envisager, avant de critiquer si lestement sa résolution.

Au reste, les Espagnols qui se sont tant acharnés à repousser le roi Joseph, prince que son sage gouvernement avait rendu populaire à Naples, ont pu goûter à loisir de ce Ferdinand VII, que la coalition européenne a rendu à leurs vœux en 1814 et dont ils ont joui jusqu'en 1833. Napoléon disait de lui : « le roi de Prusse est un héros en com- » paraison du prince des Asturies. Il est indifférent à tout, très- » matériel, mange quatre fois par jour et n'a idée de rien. » La suite a prouvé que ce portrait était encore flatté.

Ce ménage royal d'Espagne dépassait tout ce qu'on peut imaginer. Le fils était bête et méchant ; le mari, bonhomme, trop bonhomme même ; la reine avec son Godoï, qu'elle avait fait prince de la Paix, avait, comme écrivait Napoléon à Talleyrand, son cœur et son histoire sur sa physionomie et, ajoutait-il, « c'est vous en dire assez ». Quant à Godoï, il le définit d'un mot : « le prince de la Paix a l'air d'un taureau » ; il ajoute assez plaisamment : « Il a quelque chose de Daru » (1ᵉʳ mai 1808).

On voit, par cent lettres de lui, tout ce qu'il projetait d'améliorations et de progrès pour l'Espagne. Il voulait retremper son administration, ranimer son commerce, revivifier ses ports et restaurer sa marine, lui rendre ses colonies, réformer ses institutions surannées. Il songeait à reconquérir pour elle Gibraltar et il avait envoyé le général du génie Marescot « pour voir ce qu'il y aurait enfin moyen de faire » sur cette place » (7 et 16 mai 1808). Nul doute qu'il ne fût parvenu à rajeunir cette vieille monarchie et à rendre prospère cette nation périssante, si l'Espagne avait su le comprendre.

Napoléon et le Clergé. — Dans sa marche triomphante de l'île d'Elbe à Paris, Napoléon, étant arrivé le 17 mars à Auxerre, reçut à la préfecture les diverses autorités de la ville. Un auteur du temps relate à ce sujet le trait suivant : « Le clergé d'Auxerre, dit-il, et
» surtout son chef, M. l'abbé Viart, vicaire-général et curé de la
» cathédrale, tinrent alors une conduite qui mérite d'être rapportée.
» Buonaparte fut à peine arrivé, qu'il fit avertir cet ecclésiastique
» d'avoir à se rendre à la préfecture avec le clergé, pour lui offrir ses
» hommages. Mais il n'obtint qu'un refus positif. Un second message
» plus impératif fut suivi d'un second refus. Un troisième message fut
» fait et accompagné de menaces. M. Viart promit de se rendre. Mais
» le moment d'un exercice public à l'église approchait, et le digne
» pasteur ne voulait rien déranger. On se lassait de ne pas le voir
» arriver ; on lui donna l'ordre de se rendre de suite ; mais il ré-
» pondit : *Dieu avant les hommes*, et se rendit à l'église. Après l'ins-
» truction, M. le curé proposa, non aux desservants de la ville, parce
» qu'il s'attachait à faire le moins possible, mais au seul clergé de son
» église, de se rendre avec lui chez Buonaparte. Plusieurs demandèrent
» à être dispensés de cette visite. M. le curé les laissa libres. Arrivé
» à la préfecture, il est bientôt introduit. M. Viart, qui ne voulait pas
» qu'on crût qu'il était venu honorer l'idole, n'avait point pris de
» manteau long. Buonaparte lui reprocha l'ingratitude des prêtres :
» c'est pourtant moi, dit-il, qui ai fait leur fortune. — *Le curé :* le
» bienfait n'est pas oublié; toutefois qu'il soit permis de dire que cette
» fortune est insuffisante. — *Buonaparte :* Les prêtres n'ont pas da-
» vantage dans tous les Etats de l'Europe. — *Le curé :* Apparemment
» que dans ces divers Etats il y a des ressources locales qui font que
» c'est assez. — *Buonaparte :* Laissez-moi. — *Le curé :* Vous-même
» cependant vous avez tellement reconnu que ce n'est point assez, que
» vous avez permis d'avoir recours à la voie des suppléments. —
» *Buonaparte :* Allez, retirez-vous.
» A ces mots prononcés avec colère et accompagnés d'un geste
» du pied, le curé leva la main et dit : Béni soit celui qui nous
» humilie, et se retira. Au mois de novembre suivant, quand Son
» Altesse Royale Mgr le duc d'Angoulême passa par Auxerre, il vengea
» l'intrépide pasteur de ce traitement de mépris : Je sais, M. le curé,
» lui dit Son Altesse Royale, votre parfaite tenue : ce n'est pas à vous
» qu'il faut recommander de chérir et de servir le roi. — Ces mots
» aimables furent dits de l'air le plus gracieux. Puis prenant un air
» sévère, et se tournant vers la foule des fonctionnaires, où s'en
» trouvaient plusieurs de mauvais : c'est ainsi, dit Son Altesse Royale,
» que chacun aurait dû faire. » (*Itinéraire de Buonaparte de l'île d'Elbe
à l'île Ste-Hélène,* par l'auteur de la *Régence à Blois,* Paris, 1816,
page 121).

Je trouve ce petit tableau charmant et complet dans son genre. Rien n'y manque, ni l'impertinence, ni la componction hypocrite, ni l'amour du temporel. J'aime surtout ce trait, *il n'avait point pris le manteau long ;* cela est digne des temps apostoliques. Il paraît, au surplus, que cette absence de manteau long constitue un genre convenu et très-remarquable d'intrépidité pastorale. Déjà quand Napoléon, en 1810, avait visité la province alors française du Brabant, le clergé catholique, pour lui faire insulte, était venu le visiter sans le manteau long et en simple habit de ville. Sur quoi l'empereur leur demanda s'ils étaient des procureurs, des notaires ou des médecins, et leur administra une sévère mercuriale (voir Thiers, XII, 134), qui ne les corrigea pas.

Napoléon eut toujours fort à faire avec le clergé, d'abord pour le rétablir après la révolution, ce à quoi il ne parvint qu'au prix de beaucoup de peines et de tracas, puis pour cohabiter avec lui, ce à quoi il ne parvint pas.

> La lice cette fois montre les dents et dit :
> Je suis prête à sortir avec toute ma bande,
> Si vous pouvez nous mettre hors.
> . . . .
> La maison m'appartient, je le ferai connaître ;
> C'est à vous d'en sortir, vous qui parlez en maître....
> Vos injures n'ont rien à me pouvoir aigrir,
> Et je suis, pour le ciel, appris à tout souffrir
> — Mais t'es-tu souvenu que ma main charitable,
> Ingrat, t'a retiré d'un état misérable ?
> — Oui, je sais quels secours j'en ai pu recevoir ;
> Mais l'intérêt du *ciel* est mon premier devoir.
> De ce devoir sacré la juste violence
> Étouffe dans mon cœur toute reconnaissance.

Je suis surpris de voir certains écrivains donner tous les torts à l'empereur dans cette affaire et cela chacun dans son sens. Les uns le blâment amèrement d'avoir restauré le culte aboli ; d'avoir ainsi, disent-ils, abjuré l'esprit de la révolution, répudié l'un de ses plus importants résultats et de s'être ainsi mis sur les bras une corporation puissante par le nombre, par l'union, par l'appui des passions et des aveuglements de la foule ignorante. Les autres, au contraire, louent l'empereur d'avoir rétabli les prêtres, tout en contestant d'ailleurs qu'il ait eu à cela un grand mérite ; mais ils ne tarissent pas à son égard de critiques et d'injures quand ils parlent de ses démêlés avec ce clergé rétabli.

Nous ne voulons pas, disent-ils, nous faire, après tant d'autres, les rapsodes de la « prétendue gloire » de cet homme ; nous voulons seu-
» lement exposer la lutte de la force contre le droit, du despotisme

» contre la conscience, du maître des peuples contre le représentant
» désarmé de l'idée. Montrons l'héroïque courage caché sous les voiles
» de la plus angélique mansuétude... Nous nous estimerons heureux
» si nous pouvons, avec M. le comte d'Haussonville, contribuer à
» détruire ce préjugé que l'empire a relevé les autels et servi la cause
» de la religion » (A. de Fallois, l'empereur et le pape, d'après M. le
comte d'Haussonville, p. 2-7).

Ainsi, à entendre ces nouveaux écrivains, Napoléon n'a pas relevé
les autels ; cette opinion est un préjugé. Et pourtant ils nous disent
eux-mêmes : « Les circonstances au milieu desquelles Pie VII arrivait
au gouvernement de l'Eglise étaient des plus graves. De quelque côté
qu'il tournât ses regards en Europe, il ne rencontrait ni appui ni con-
solation. Le fonctionnement *(sic)* du catholicisme en Prusse, la pré-
tention du czar Paul Iᵉʳ au titre de grand-maître de Malte, les
dispositions indépendantes de l'Espagne elle-même, Pie VI mort pri-
sonnier à Valence, la papauté dépouillée de ses Etats par l'Autriche, et
le drapeau napolitain flottant au château Saint-Ange, voilà le spectacle
qui s'offrait à Pie VII lorsqu'il quitta Venise, le 6 juin 1800, pour se
rendre à Rome. L'Autriche ne voulut pas seulement permettre qu'il
s'y rendît par terre, en traversant les Légations qu'elle s'était appro-
priées, et il dut s'y rendre par mer, à bord de la *Bellone.* »

Voilà, ce me semble, assez de preuves que la religion n'était pas
très-florissante en Europe. Et quand le vainqueur de Marengo vient
rendre au pape son domaine, arraché à l'Autriche ; puis conclure avec
le Saint-Siége restauré un concordat qui rétablit en France les droits
du culte catholique, il est difficile de comprendre qu'on puisse dire
qu'il n'a pas relevé les autels et servi la religion. Le cardinal Consalvi,
dont les mémoires ont servi de base au travail de M. d'Haussonville,
ne dit-il pas, à propos du concordat : « Le pape ne balança pas à
» répondre à une demande qui avait pour objet de rétablir les affaires
» de la religion dans un pays où l'esprit révolutionnaire l'avait presque
» étouffée. » Comment concilier ce formel témoignage avec les déné-
gations précédentes ?

Rome donna même, à cette occasion, une preuve d'empressement
et de rapidité dont sa diplomatie, célèbre par ses lenteurs et ses atter-
moiements, n'offre pas d'autre exemple. Le concordat, signé à Paris
dans la nuit du 16 au 17 juillet 1801, fut porté quelques jours après
à Rome par Consalvi et soumis aux délibération du sacré-collége,
puis à la ratification du pape. On était si content et si désireux de
conclure, que la ratification arriva à Paris trente-cinq jours seulement
après la signature du 17 juillet.

M. d'Haussonville ne se méprend pas d'ailleurs sur la façon dont le
rétablissement des autels fut accueilli à Paris. « Lorsque la première
messe fut célébrée à Notre-Dame, au milieu d'une assistance énorme,

l'attitude de tous ces spectateurs, dit-il, tenait plus de la curiosité que de tout autre sentiment, et on ne put s'empêcher de constater le dédain affiché des membres du Conseil d'Etat, la légèreté moqueuse des officiers, l'insouciante distraction de tous. Quant à Bonaparte, immobile, le visage sévère, il restait calme et grave, dans l'attitude d'un chef d'empire qui fait un grand acte de volonté et qui commande de son regard la soumission à tout le monde. » Encore une fois, n'est-il pas déraisonnable après cela de contester à Napoléon l'acte du rétablissement des autels, et n'est-ce pas nier le bienfait pour pouvoir ensuite nier l'ingratitude ?

Il m'est difficile d'admettre, avec M. Lanfrey (II, 341) que Napoléon, en restaurant le culte, ait eu la pensée de se faire proclamer dieu lui-même et qu'il ait « rêvé les honneurs divins, comme le dernier couronnement de sa gloire. » En général, l'Empereur ne rêvait guère et, bien que son honorable adversaire en fasse un « halluciné *(Ibid.)*, on peut douter qu'il ait poussé l'hallucination jusqu'à vouloir se substituer à Dieu le père ou jusqu'à devenir, par un nouveau genre de « communion, l'aliment spirituel de l'humanité » *(Ibid.)*. Si quelqu'un rêve dans tout cela, je laisse à penser qui ce peut être.

L'auteur de l'*Église romaine et le premier Empire* est trop mesuré, trop grave pour se jeter dans des imputations d'une excentricité aussi radicale; mais il en veut au nouveau Constantin, au nouveau Charlemagne (ainsi qu'on se plaisait alors à appeler le général Bonaparte), d'avoir, en signant le concordat, obéi surtout à des « raisons d'intérêt pratique. » Je ne serais pas en effet éloigné de croire que, dans cet acte mémorable, le Premier Consul n'ait pas eu exclusivement en vue l'intérêt du ciel, et je suis porté à penser qu'il a aussi songé à des avantages d'un ordre moins sublime, tels que le raffermissement de la société civile et même la consolidation de sa propre autorité. En pouvait-il être autrement? « La puissance civile, dit » le savant évêque de Nantes, n'envisage la religion que dans ses » rapports avec l'intérêt de la société. Elle s'occupe moins de la vérité » des dogmes que de leur influence politique. Mais, bien que la » vérité d'une doctrine et son utilité politique soient deux choses » distinctes, elles ont néanmoins entre elles une liaison étroite. » Et il ajoute : « Comme les principes religieux ont une grande influence » sur les mœurs publiques, le souverain peut et doit prendre con- » naissance des religions qui s'établissent dans ses États. Il est, en » matière de religion, des opinions que le souverain doit proscrire ; » il en est qu'il doit protéger ; il en est qu'il doit abandonner à la » conscience des citoyens.... Pour que les devoirs civils ne soient » jamais contrariés par les devoirs religieux, il est indispensablement » nécessaire que les deux autorités s'entendent et agissent de concert; » ce qui n'arriverait point, si la religion ne formait pas un établis-

» sement public avoué et protégé par la loi. » (J.-B. Duvoisin, évêque de Nantes ; *Démonstration évangélique*, etc., dans la bibliothèque catholique dédiée à N. S. P. le Pape, Paris, 1826, pages 373, 376 et 379).

En lisant ces paroles d'un vénérable prélat, célèbre par sa foi profonde, sa modestie et son désintéressement, non moins que par son éminent mérite, il semble que l'on assiste aux entretiens de Bonaparte lui-même avec ses conseillers, lorsqu'il préparait le concordat. Telles furent les vues qu'il leur exposa plus d'une fois et qui déterminèrent sa politique. On ne saurait, ce me semble, en contester la sagesse.

Qu'en outre le Premier Consul ait été sensible à la gloire que lui procurerait la réconciliation de la France et de l'Eglise ; qu'il n'ait pas dédaigné le côté avantageux pour lui-même de cette mesure et ce que l'on appelle les « raisons d'intérêt pratique », je ne le conteste pas. L'Eglise non plus ne dédaignait pas ce côté pratique. M. d'Haussonville reconnaît que « l'attente d'une satisfaction territoriale avait surtout » porté Pie VII à venir sacrer Napoléon, et qu'il ne se consolait pas » de rapporter à Rome la désolante certitude que l'empereur était » résolu à garder les Légations. »

Ce refus de l'empereur fut le germe d'où sortirent, on ne peut le nier, toutes les difficultés et les brouilles qui survinrent ensuite. Le dépit de la cour pontificale se traduisit par toutes sortes d'actes de mauvais vouloir. Elle refusa, à son tour, d'annuler le mariage du prince Jérôme, de fermer ses ports aux Anglais, d'interdire son territoire aux insurgés napolitains et aux agents de la reine Caroline, de condescendre aux nécessités politiques de la lutte soutenue par Napoléon contre l'Angleterre. On mit en avant la charité chrétienne et, quoiqu'il fût question d'une nation schismatique, on invoqua hautement la qualité de père commun des fidèles. On s'écria que l'on était résolu à obéir à Dieu plutôt qu'aux hommes ; la voix de la conscience ne fut pas non plus oubliée, et on se déclara prêt au martyre. « Ce n'est pas notre volonté, écrivait le bon Pie VII, c'est celle de » Dieu qui nous prescrit le devoir de la paix envers tous, sans di» tinction de catholiques ou d'hérétiques. » Et dans un autre document, la cour de Rome disait : « N'ayant pu adhérer à toutes les » demandes qui lui ont été faites de la part du gouvernement français, » parce que la voix de sa conscience et ses devoirs sacrés le lui défen» daient, Sa Sainteté Pie VII a cru devoir subir les désastreuses » conséquences dont on l'avait menacé par suite de son refus, et même » l'occupation militaire de sa capitale. Résigné dans l'humilité de son » cœur devant les impénétrables jugements du ciel, il remet sa cause » aux mains de Dieu. »

Si l'on avait obtenu les Légations, le langage aurait-il été le même et

eût-on suivi de la même façon la voix de Dieu et de la conscience ?
C'est ce qu'il est permis peut-être de se demander.

Malgré tout, l'empereur ne céda pas, et les choses s'envenimèrent au point qu'on finit, comme nous l'avons vu, par venir le visiter *sans manteau long !*

Je ne saurais entrer ici dans le détail de cette lutte du sacerdoce et de l'empire. J'y reviendrai probablement un jour. Je demande seulement que l'on ne vienne pas sans cesse nous apitoyer en nous étalant « le courage et la résignation de la faiblesse désarmée résistant à la toute-puissance et à la force, » et la tyrannie s'exerçant à loisir sur « *de » pauvres prêtres tremblants au fond de leurs sanctuaires.* » Chacun sait que l'Eglise n'est ni si pauvre, ni si tremblante et que ses prêtres ne sont pas toujours au fond de leurs sanctuaires, qui, au surplus, sont d'assez bonnes forteresses. Si le pouvoir séculier a pour lui les comminations et les gendarmes, la puissance ecclésiastique a le ciel, l'enfer et les consciences. Les armes sont au moins égales.

On prétend que Napoléon, à Sainte-Hélène, s'est repenti du Concordat. J'en doute : Ce grand esprit connaissait trop la portée de l'œuvre de conciliation tentée par lui, pour regretter ses efforts, quelque amères qu'aient été les déceptions auxquelles le livra l'inintelligence de certains hommes. A ses yeux, le catholicisme n'était pas seulement un établissement religieux ; c'était aussi la forme sociale et politique la mieux appropriée au groupe de nations le plus directement issu de la civilisation romaine. L'Espagne, la France, l'Italie, une bonne partie de l'Allemagne forment ce groupe, auquel se rattache aussi la Pologne, et qui allait devenir le corps dirigeant de la société européenne, si les desseins de l'Empereur avaient pu s'exécuter. Il est fâcheux que, pour une chétive question de temporel, la papauté se soit brouillée avec celui qui seul pouvait et voulait la relever et la soutenir, déduction faite, bien entendu, de la divine Providence, sur laquelle, nous le savons, la papauté peut toujours compter.

Quoiqu'il en soit, il me semble qu'il eût mieux valu pour l'Eglise être protégée par Napoléon, que servie par Charles X et le duc d'Angoulême ; se réformer en Espagne par la suppression des moines inutiles, que d'y subir aujourd'hui la concurrence légale et abhorrée du protestantisme ; fermer ses ports à quelques vaisseaux russes, que d'entendre les râlements du catholicisme polonais près de succomber sous l'impitoyable étreinte du moscowisme ; accorder à Napoléon l'interdiction des marchandises anglaises, que de voir l'anglicanisme, avec le commerce britannique, envahir l'univers.

———————

GUERRE DE RUSSIE. — Je suis loin de souscrire au jugement qui perce à chaque instant dans l'ouvrage de M. Thiers, que « Napoléon » fit la politique avec ses passions et la guerre avec son génie. » (Thiers, t. VII, 677 et *passim*). S'il est une entreprise où l'on soit tenté d'attribuer sa politique à ses passions, c'est sans doute lorsque en 1812 il s'engagea dans une guerre gigantesque contre la Russie. Rien pourtant à mon avis ne serait plus hasardé qu'un pareil jugement. Les documents et la correspondance de Napoléon lui-même font voir que la guerre de Russie eut pour origine la question de Pologne.

C'est au 4 janvier 1810, que remonte, à vrai dire, cette affaire. A cette date, le czar avait arrêté avec notre ambassadeur Canlaincourt un projet de convention, dont la première stipulation portait : Article I, « Le royaume de Pologne ne sera jamais rétabli. »

L'empereur, par dépêche du 6 février 1810, repoussa avec force cet arrêt qu'on voulait lui faire prononcer contre la Pologne. Une longue négociation s'engagea alors à ce sujet. Je ne puis qu'engager les détracteurs de Napoléon à lire toute la série des dépêches qui établissent sa politique sur cette question si importante. « La divinité seule, » écrit-il le 24 avril, peut parler ainsi que le propose la Russie, et on » ne trouverait dans les annales des nations aucune rédaction pareille. » L'empereur n'y peut consentir. »

Il voulait bien, pour tranquilliser la Russie, s'engager à ne pas favoriser l'insurrection polonaise ; on ne put le mener au-delà : « Je ne » veux pas rétablir la Pologne ; je ne veux pas aller finir mes destinées » dans les sables de ses déserts, et je ne prendrai pas les armes à » moins qu'on ne m'y force. Mais je ne veux pas me déshonorer en dé- » clarant que le royaume de Pologne ne sera jamais rétabli, flétrir ma » mémoire en mettant le sceau à cet acte d'une politique machiavé- » lique; car c'est plus qu'avouer le partage de la Pologne que de » déclarer qu'elle ne sera jamais rétablie. » (Dépêche du 1er juillet 1810, tome XX, p 119 de la correspondance).

A partir de ce moment, la négociation fut rompue et la guerre avec la Russie devint inévitable.

LES REVERS. — « Je suis de ces hommes qu'on tue, et que l'on » ne déshonore pas. » Telle fut la réponse irritée que Napoléon fit aux députés qui, en 1813, avaient choisi le moment des revers et des désastres pour venir faire la leçon à l'empereur. Ce sont ces mêmes hommes, la plupart honnêtes d'ailleurs, mais à courte vue (Lainé, Renouard, Maine de Biran, etc.), qui eurent la singulière idée de séparer la France de Napoléon et d'attendre des royalistes et des Cosaques la liberté qu'ils reprochaient à l'empereur de ne pas leur

avoir donnée. Dans un écrit récent, un historien de profession, politique à ses heures, se plaît à décerner la palme civique du patriotisme
à ces réclamants si avisés, et s'empresse de gourmander à ce propos le
gouvernement personnel, cause, à ce qu'il paraît, de tous les maux
passés, présents et futurs (v. St-Marc-Girardin, *Revue des Deux-
Mondes*, 15 juillet 1869). En vérité, je gémis de voir des hommes,
réputés sages, jeter au public l'appât de pareilles thèses. La manie du
parlementarisme nous perdra. Il faudrait pourtant se souvenir que rien
ne ressemble moins au caractère anglais que le caractère français, et
que le génie de notre race, fort différent du génie anglo-américain,
ne saurait comporter les mêmes institutions. C'est la mode aujourd'hni
de tomber à tout propos sur le gouvernement personnel. Veut-on donc
revenir au *Grand-Electeur* de Siéyès? Je croyais que le ridicule en
avait fait justice.

Il fallut, pour triompher du génie et de l'indomptable fermeté de
l'empereur, une accumulation vraiment inouïe de malheurs impossibles
à prévoir et de trahisons. Jamais surtout il ne fut plus grand que dans
cette bataille permanente de trois mois que l'on appelle la campagne de
France. C'était, dit Bourrienne, le combat d'un aigle contre une nuée
de corbeaux. Sa correspondance nous le montre calme, au milieu des
péripéties de ce drame terrible. Souvent pourtant il pense à son fils : « Je
» n'ai jamais vu représenter Andromaque, écrit-il à son frère Joseph,
» que je n'aie plaint le sort d'Astyanax survivant à sa maison, et que je
» n'aie regardé comme un bonheur pour lui de ne pas survivre à son
» père. » (Lettre du 8 février 1814). On lui parle de paix : il refuse
tout accommodement si on ne commence par assurer à la France son
territoire naturel, la ligne du Rhin, la Belgique, Anvers. Le comte de
St-Aignan, arrivant de Paris, le trouve abrité dans une cabane de
charron du hameau de Châtres, lui représente le découragement de la
capitale et la nécessité d'en finir : « Sire, dit-il, la paix sera assez bonne
si elle est assez prompte. — Elle arrivera assez tôt, si elle est honteuse »
reprend-il vivement (23 février 1814). Quand ils furent maîtres de
Paris, les rois coalisés tremblaient encore à l'idée des coups dont ce
sublime vaincu pouvait les accabler. La trahison du Sénat et la défection
de Marmont lui firent tomber les armes des mains.

Ce fut alors que, dans la nuit qui suivit la première abdication, ce
grand cœur faiblit un moment. Il voulut renoncer à la vie. « On a
traîné mes aigles dans la boue, s'écriait-il.... Ah! ils m'ont mal
connu.... Ils me regretteront quand je ne serai plus. » Revenu à lui
après cette funeste tentative, il reprit tout son calme, écrivit à sa
femme, remercia ceux qui l'avaient servi jusqu'au dernier moment,
et partit pour l'exil.

Son rôle n'était pas fini pourtant. « Il ne faut pas s'abuser, disait
lord Kinaird, le peuple est resté attaché à l'empire. » Le triomphant

retour de l'île d'Elbe montra bientôt que cet Anglais avait bien juste-
ment apprécié le sentiment populaire de la France. Mais une minorité
opposante et raisonneuse s'était formée, qui, dirigée sous main par
les royalistes et l'étranger, n'attendait qu'un revers de la fortune pour
abandonner et trahir encore une fois le héros affaibli. Ce revers vint :
ce fut Waterloo. On sait ce qui suivit. La plume se refuse à retracer
les hontes de cette époque néfaste. Napoléon, le cœur navré, dut
abandonner pour toujours cette France « qu'il avait tant aimée. »
Avant de partir, son patriotisme adressa encore aux lâches dictateurs
du moment un dernier conseil : « Ne mettez pas, leur dit-il, cette
grande nation à la merci des étrangers, de peur d'être déçus dans vos
espérances. » (23 juin 1815) : paroles prophétiques, dont les infâmes
traités de 1815 et les excès de la *terreur blanche* ne tardèrent pas à
révéler la profonde sagesse. Le 27 juin il fit, à la Malmaison, ses
adieux à sa famille qu'il ne devait plus revoir : triste scène dont le
prince qui est devenu Napoléon III et qui avait alors sept ans
garde un ineffaçable souvenir. Le 17 août, le vaisseau qui emportait
l'empereur mettait à la voile pour Sainte-Hélène.

ÉPILOGUE. — Depuis la mort de Napoléon Ier, la France a
traversé bien des phases, subi bien des crises, passé par bien des
métamorphoses. Puisse-t-elle se lasser de changer ainsi tous les
quinze ou vingt ans ! J'ai connu, pour ma part, les bienfaits de ce
fameux régime parlementaire, qui se résumait, en définitive, par un
perpétuel chassé-croisé de la triade ministérielle Molé, Thiers, Guizot.
Quand l'un de ces messieurs était au pouvoir, les autres travaillaient
à le renverser : c'était là tout le mécanisme. J'ai peine à croire que ce
système constitue le *nec plus ultra* du bonheur politique. Une coalition, habilement nouée par le vieux tacticien de l'ex-monarchie, a
beau agiter le drapeau des revendications implacables ; le public goûte
peu ce malicieux amalgame de parlementarisme, de république et de
pouvoir temporel. Ce qu'il veut, c'est un régime franchement démo-
cratique sous un gouvernement fort qui le préserve de l'autocratie et
qui le débarrasse de la théocratie. L'Empire n'a pas de sens, s'il n'a
celui-là. C'est pourquoi je place cette conclusion ou, si l'on aime mieux,
ce vœu sous l'égide du *Centenaire de Napoléon Ier.*

Metz, imp. de Ch. Thomas.